大都會文化
METROPOLITAN CULTURE

大都會文化
METROPOLITAN CULTURE

大都會文化
METROPOLITAN CULTURE

大都會文化
METROPOLITAN CULTURE

今天不飛

空姐的私旅圖

李宗芳◎著

不飛的日子
我酷愛旅行

自序

西斯汀的天棚

我仰著頸子，一路走一路看，梵蒂岡博物館的長廊畫滿了聖經上的故事與人物，那些用燦金畫框圍繞起來的人像和景物，彷彿帶著某種重要訊息，隔了好幾個世紀，在我的眼前傳遞著人們對天庭的信仰和禮讚。

長廊愈走愈暗，西斯汀小教堂的門就在那昏暗之後，我的心情變得好緊張，因為穿過那道門，就能看見米開朗基羅親手繪畫的禮拜堂天棚。

整個天棚都是畫，整個牆壁都是畫，雖然心裡早預想到進來後會看到些什麼，但一踏進西斯汀，結實健壯的天神天使與聖母、豐滿強健的肌肉與白色翅膀……，一種米開朗基羅式的獨特魅力，雄偉、壯闊、大氣，就這樣突地呈現在我的面前，自己還是被那些鋪天蓋地的濕壁畫給嚇得愣住。等到從米開朗基羅的氣概中回過神來，才想起要去細看祭壇後方的《末日審判圖》，還有天棚上動人的《創世紀》……。

還記得，自己一直仰著頭仰著頭，看著燦爛的西斯汀天棚不知過了多久，上帝賦予亞當生命的手指在我眼前，被逐出伊甸園的夏娃亞當在我眼前，洪水來臨時，載著諾亞一家航向希望與信仰的方舟也在我眼前……，米開朗基羅花了十多年的時間在腳架上，仰著頭彎著腰，一筆一筆畫成的天國與聖經，它們都到了我的眼前，深深烙印在我的腦海中。

那是我第一次到歐洲，第一次在梵蒂岡初見米開朗基羅畫的西斯汀天棚。那時一直仰著頭的我，雖然已經看得很累很累了，卻仍捨不得將視線從那些豪情萬丈的繪畫中移開。那時的我，第一次在人類創造出，美的震撼與偉大中，覺得自己像塵土般的渺小，可心裡卻有排山倒海的感動！

我一直忘不了那樣初遇的感動，喜愛旅行的我，總是一次又一次地從萬象多姿的世界中，體會了一次又一次初遇的感動，並私下地認為那是一種旅途中最值得回味的珍藏。

那些令我感動的初遇，是繁華多樣的，有時小至一幅畫、一扇窗、一個人或一道美食，有時大至一條街或是一個市集……。它們像是許許多多快樂的音符，常在我的腦海中迴盪著。

於是，我想，我該把那些旅途上的初相遇寫下來，記錄下那些最初的感動，可以一再回味，一直到老。

至於你／妳，或許也曾踏在與我相同的旅途上，看過那些相同的景物，我是那麼珍藏著自己與它們初遇的經歷、心情與感動。

那麼，你／妳呢？是否也和我一樣，在你／妳的旅途上也有許多自己初相遇的感動？

目錄

輯十二　喀什米爾　185

輯十三　世界的角落　207

後記　246

巴黎

眼前的蒙娜麗莎彷彿藏著情感，柔柔淡淡、
若有所思地笑著，看著望著她，
不由得就會有些迷惑慢慢湧上心頭。

Paris

初見蒙娜麗莎

人們沿著掛滿油畫的長廊向前走，神情企盼，目光熱烈，那是因為，只要朝前走下去，直到長廊盡頭，就能看見達文西最知名的那幅人像畫，蒙娜麗莎。

掛著蒙娜麗莎的展覽室一直是羅浮宮裡最吸引人的一個角落，那個小角落裡總是擠滿了來自世界各地的人，人人仰著、側著、或是辛苦地墊起腳跟探出頭，努力為自己爭取最好的觀賞角度，只為了親眼瞧一瞧蒙娜麗莎的臉，和她臉上的神祕微笑。

置身圍觀的人群裡，我記得，初見蒙娜麗莎時，自己的心真得緊張得噗通噗通直跳，一襲黑衣的蒙娜麗莎就在牆上的防盜玻璃畫框中，明暗交織的曚曨的光線讓她看起來安靜詳和，像是一個獨自坐在燭光中的女子，雙手優雅地交疊著，怡然等待著什麼人似的。再往前挪了挪腳步，才看清楚蒙娜麗莎的臉，那是一張義大利成熟女子的臉，深棕色的眉骨下有一對溫柔的眼睛，嘴角微揚的雙唇就在高挺的鼻樑下，好像了解了什麼似的，打從心底微微地笑了起來。

曾聽說，當年達文西作畫時，特別請來許多歌者在蒙娜麗莎身旁演唱，以美妙的歌聲取悅她，從而畫下了她那永恆的微笑。

那真是一張迷人的畫啊，我這麼想，眼前的蒙娜麗莎彷彿藏著情感似的，柔柔淡淡、若有所思地笑著，看著望著她，不由得就會有些迷惑慢慢湧上了心頭。

聖母院玫瑰窗

穿過一扇開啟的門走進去，就來到聖母院內的神聖殿堂。

高聳幽深的殿堂裡安靜肅穆，排隊進來參觀的人紛紛放輕了腳步，不是繞著迴廊踱步，就是規矩端坐長木椅上，面向祭壇閉起雙眼沉思，而那一扇扇鑲崁在石壁上的彩繪玻璃，常是最引人注視的；遠遠地，在你還未看清它的畫面時，一顆心就會因它明麗的色彩而微微一動，然後忍不住就會想要走向它，仰起頭，望向那些畫著聖經故事的玻璃長窗，捨不得移開視線。

聖母院南側的石壁上有一扇直徑十公尺的玻璃圓窗，巴黎人喚它為「玫瑰窗」，是教堂裡最大、最古老的一扇彩繪之窗，人們來到這裡總會惦念著它，在瀏覽過那些橢圓形或長頸瓶狀的彩繪玻璃後，不會忘記到鑲著它那面牆前站一站，抬頭看看畫在它上面的聖徒與耶穌的故事。

那是一扇看了就讓人忘不了的窗，那時，站著仰望它的我，打從心底這麼想，彷彿彩鑽般亮眼的玫瑰窗乍看下有一種令人炫目的華麗，再進一步細看玻璃上的精緻彩繪；畫著各式各樣的美麗圖形與聖母優雅純潔的臉，還有一些虔敬朝聖的使徒、披著白色長袍的修士和頂著金色光環的耶穌，看著看著就不由得掉進了畫中的故事，感受到它的莊嚴，身上就像沾染上了聖潔之息般恍恍惚惚地讓人想敞開一顆與上帝溝通的心。

奧賽印象

在我的心裡，無宮殿般華麗之氣的美術館，一直是我喜愛的美術館，而巴黎的奧賽，就是其中之一。

曾是巴黎火車站的奧賽美術館，改建後看起來，依稀感覺得出火車站的模樣；長條狀的候車月台、高高的鑄鐵天棚，還有走進來一眼即可瞧見的車站特有的大圓鐘。在這個樸實大方的十九世紀老火車站裡，陳列著十九世紀最美的藝術品，還有我相當喜愛的，那個年代巴黎印象派畫家留下的精彩畫作。

莫內畫的「聖拉扎火車站」在那兒——十九世紀的火車頭正噴著氤氳的白色蒸氣衝進站裡來，陽光透過天窗照下來，與蒸氣交織出流動的光。

雷諾瓦著名的「煎餅磨坊」在那兒——蒙馬特高地的星期日午後，巴黎市民在那裡快樂地飲酒跳舞，陽光穿透樹木形成亮黃的光點，跳躍在那群舞者的身上。

還有，梵谷、高更、塞尚、畢沙羅，他們的畫都在那兒，美麗熱情的大溪地風光、南法鄉野綠色的樹和金色的乾草堆、十九世紀巴黎起伏的老街、那個年代的咖啡館，以及在咖啡座上獨自守著一杯苦艾酒的寂寞婦人。

在我的心裡，巴黎的奧賽是平易可親的一座美術館，通過奧賽牆上掛起的那些平實逼真的景物，好像就掉進了畫裡的時空，看見了那個年代的日常生活、浮世風情，對我來說，那真是看畫時的一種美好經歷呢。

塞尚的蘋果

在奧賽美術館二樓、掛著許多塞尚畫作的展覽室裡，突然看見了那個美麗的解說員。

她有一張輪廓柔和的臉，長髮在腦後宛起了一個金色的髻，站在一幅塞尚的靜物畫前，十幾個學生樣的年輕人圍著她成了一個小圈坐下來，仰起了臉津津有味地聽著她的解說。

忍不住地，我將腳步湊過去，靠近了那個小圈圈，想聽聽她對塞尚畫裡那些蘋果的解說。

「圓形是塞尚最愛練習的圖形，所以他常畫一些圓滾滾的蘋果或橘子。」美麗的解說員這樣說，並要大家仔細看畫裡那一個個充滿立體感的蘋果，接著說：「塞尚刻意走出印象派的傳統繪畫方式，用自己的方法畫他喜愛的蘋果，他的蘋果，是以色彩而非光影來主導畫面的結構，一些灰的、黃的或棕的顏色被他在畫布上調和成一個個色彩新鮮自然的蘋果，清爽而溫和，就像剛從樹上採下來似的，讓人真想咬一口。」

雖然，塞尚的蘋果畫是我早已耳熟能詳的事，但，直到那一天在奧賽，我才真正親眼見到了那幅畫，而無意間聽見的解說，簡潔、生動又有趣，更讓那一盤十九世紀的蘋果活了起來。

那一天，我在奧賽遇見了那個令人印象深刻的「蘋果解說員」，愛看畫的我看著她，心裡竟大膽地興起了一個夢想，未來，有無可能自己也能如她一樣，做一名出色的繪畫解說員呢？

漫步到新橋

紫色九號的巴黎地鐵載著我，搖搖晃晃來到了塞納河畔的新橋站。那是一個春日的午後黃昏，從地鐵站出來後，我計畫沿著塞納河，散步到離聖母院不遠的新橋。

臨近黃昏，金芒色的陽光一束束地照著河岸兩旁高雅的老房子，或是點灑在遠方金色的屋頂上，明亮燦爛的景象，就像印象派的畫一樣。

一直覺得，巴黎是一個適合散步的城市，而沿著塞納河散步，走向那一座座的跨河之橋——華麗的亞歷山大三世橋、古樸的藝術橋、著名的莎士比亞書店對面的小橋，以及浪漫的新橋，這，又是我特別喜愛的一種方式。

漫步到新橋時，陽光已從原來的亮黃轉成金紅，寬闊的橋面上有許多來自世界各地的人，有人正倚著橋欄等人似的捧著一把紅玫瑰，有人相互依偎著發出啵啵的親吻聲，甜蜜蜜地走過我身旁。再往橋中心走就更熱鬧了，賣花的小販、拉提琴的街頭藝人、舉著相機拍照的遊客，還有各色臉孔的男男女女，來來回回地在橋上流連踱步，彷彿尋找什麼似的東張西望。

KISS

巴黎有許多長長短短的橋，其中，新橋是讓人印象最深刻的了！在新橋漫步，看著你身旁的那些人、景和物，很容易地就會讓你的心溢滿浪漫的情緒，或是觸動了你心中的敏感心弦，從而憶起了自己曾經擁有、或正在經歷的那段戀情。

順著美術館通向二樓的樓梯往上，走進展覽室，第一眼看見的總是它。

看了它，有人會忍不住地嘆說，它真是羅丹最動人心弦的一件雕塑，有人會放輕腳步繞著它慢慢走，從不同的角度細看羅丹在它身上留下的塑痕，而從未見過它的我還在樓梯時，早就充滿期待地心想，被羅丹喚作「吻」的它，究竟是怎樣的一件雕塑？那一對相擁而吻的戀人，究竟會有什麼令人心神動搖的魅力？

展覽室裡，羅丹的「吻」被放在一個安靜角落，雖然是石像，但光線底下的它卻顯得相當光滑細緻，讓人直接感覺到那石像是活生生的，彷彿有著年輕潤澤的肌膚。走近了看，又發現被羅丹塑造的那對坐著相擁的戀人，看上去就像一對熱戀中的男女，熱情的他，宛如禁不住心中澎湃情感似的正伸出一雙肌肉強健的手臂托著她的腰際，擁她入懷，而她，就這樣順勢倒向了他那寬闊結實的胸膛，情不自禁地也伸長了手臂，圈著他的頸，靠近他，貼近他，獻上她的唇，兩個人，就這樣忘我地擁吻起來。

奔放、激情、帶有一點屬於青春的率性與一點點的陷溺、沉醉，是「吻」帶給我的最初印象，那是個看了會讓人怦然心跳的塑像；突然地，會讓人回憶起，彷彿曾經也有那麼一刻，自己與愛著的那個人，心靈相契地深情擁吻！

FAUCHON

人在巴黎，老覺得想吃東西，那感覺，不是餓，而是饞，明明才剛吃飽，可走著走著又想到了吃。簡單一點的，就在街頭買個捲捲邊的派、薄薄的可麗餅或長長的拐杖三明治解饞；想來點精緻享受的，就到高級的美食舖子逛逛，不僅解饞，更是寵愛自己的味蕾，而瑪德蓮娜廣場的FAUCHON，就是這麼一家美食舖。

在重視味覺享受的巴黎人心中，FAUCHON無疑是一座美食殿堂——幾百種的乳酪、百年的陳年葡萄酒、上等的鵝肝、魚子醬，以及收集了大半個地球的珍品佳饌。而對我來說，FAUCHON是帶點距離感、貴氣又高價的——店裡的食物都像是精心設計過似的擺放在最精緻的燈光下顏色誘人，光看就令人食指大動，而貴得叫人搖頭的標價往往又讓人猶豫，掙扎著到底買或不買。

櫥窗裡，那華麗的酪梨海鮮沙拉一定是鮮嫩多汁的吧？那些圓嘟嘟蓬鬆鬆的杏仁小甜餅想必是入口即化的，而瓷盤裡擺著的那堆來自普羅旺斯的糖漬水果，鮮豔豔的，光看就要人垂涎欲滴了。

「不買來嘗嘗，實在太可惜了，可價錢又貴得叫人心疼。」

「算了算了，在FAUCHON，就別管價錢了，好好寵愛自己吧。」

幾經內心的掙扎，我記得，自己在FAUCHON，最後總是以寵愛自己為由投向美食陣營，心甘情願掏出錢包買了那些，嗯，從未讓我失望過的美味來嘗。

米其林書店

從歌劇院地鐵站出來，穿過熱鬧的歌劇院廣場，我終於找到米其林書店了。

米其林書店是家旅遊書籍的專賣店，有成千上萬冊的旅遊指南、豐富詳實的地圖，對迷戀自助旅行的我來說，知道巴黎有這樣一座寶庫後，馬上動身前往。

嘩啦嘩啦的車流聲被我身後的玻璃門隔絕了，安靜的米其林書店裡打著明亮燈光，長而寬的陳列架前站著許多認真找書的人，有人用手指小心點著面前的書脊，有人臉上帶著猶豫的神情望著書，難以取決的樣子，還有人背上緊緊貼著大背包，手捧書，翻著翻著便與身旁的同伴討論起來，發出低聲說話的嗡嗡聲。

整架整架新出版的旅遊書撩撥著我的心，側著身子放輕腳步地走向它們，我記得，自己興奮極了；那一本本印刷精美的書，多像一扇扇的窗，走近它們，翻閱它們，我覺得自己好像便能從現實飛向另一個時空。

在臨窗擺設的一只圓桌上，立著躺著一系列的法國旅遊叢書，豔紅深藍的封面一下子吸引了我的目光，隨心所欲順手拿起一本，很特別呢，是專門介紹法國小村小鎮的專書耶！

那一天，我在巴黎的米其林書店裡初遇了那本書，我是真心喜愛著那本書的，書裡有那麼多我從未到過的百年古鎮、美麗花村，看著看著當下就決定了，一定要走訪書裡的那些地方。

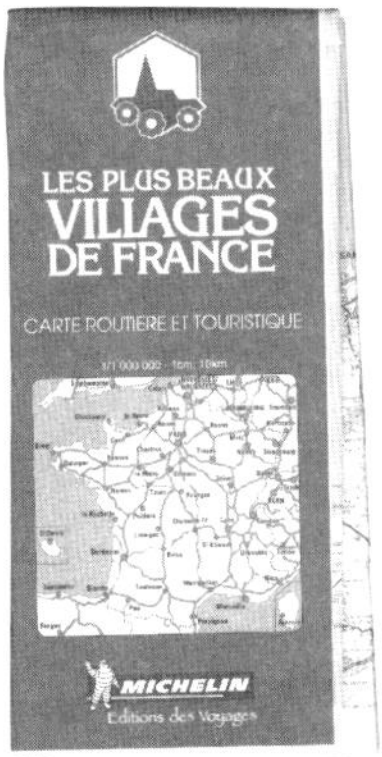

沙特現在不在

來到這間名叫雙偶的咖啡館，我心裡想著，當年他會找哪一張咖啡桌坐下來，點一杯牛奶咖啡，然後攤開稿紙安靜地寫作呢？印象中的他，沙特，有一張照片便是在這間咖啡館裡拍攝的，照片裡，他低頭伏坐咖啡桌前，一對突出來的大眼睛在黑框的鏡片後，認真讀著桌子上面的書，思考著嚴肅的哲學課題。

圍著白色長圍巾的男侍領我坐下來，我的圓桌旁坐著一位臉色虔誠的男子，桌上零亂散落著紙和筆，像是想著什麼似的注視著前方。

用眼角偷偷瞄著鄰桌的男子，我想，他可和我一樣，在心裡想著幾十年前沙特在此寫作讀書的情景？或者，他是個等待靈感、幻想成為下一個沙特的無名作家，滿心期待自己能寫下發光發熱的不朽作品？

咖啡館裡雖然沙特不在了，當年和他在這裡一齊討論的文人也都不在了，可他曾書寫的那張咖啡桌如今還留存著，一種自由自在的開放氣息也留存著。我在裡面坐著，那嘶嘶作響的蒸氣機聲、裊裊的咖啡香、進進出出的遊人、嗡嗡的人語與穿著黑色背心忙碌穿梭的侍者在我四周，激起了我的想像，突然心頭就跳出了想把它們寫下，編成故事的念頭。

這真是一間讓人走進去就會想起什麼的咖啡館，我這樣想，忍不住在隨身攜帶的記事簿上，胡亂記著腦海裡盤旋著的那個故事。

甜蜜貝蒂蓉

沿著聖路易街走，遠遠看見了一串等待的人龍，我想，那裡應該就是我要找的貝蒂蓉了。

與人車喧嚷的西堤島相比，聖路易島寧靜多了。街上少了川流不息的車流，也無讓人緊張的喇叭聲，整個島，給人一種放鬆的舒服感，帶著這樣的感覺在島上，總想看一看街上新藝術風格的房子，逛逛小畫廊、坐坐咖啡館，要不就是和我一樣，到島中央的聖路易街三十一號，找那一家全巴黎最出名的冰淇淋專賣店，貝蒂蓉。

排隊等呀等地，我終於買到了嚮往已久的野草莓口味冰淇淋，開心嘗了起來。

舔嘗一口紅豔豔的貝蒂蓉，一股濃郁的果香馬上浮現於鼻腔，再用舌尖輕觸融在口中的貝蒂蓉，發現，它的口感相當迷人，質地細緻地讓人想以如絲如緞來形容，而獨具個性的野草莓酸中透著不滯嘴的甜蜜，美味地叫人嘗了一份仍意猶未盡，忍不住再回頭耐著性子排隊購買。

而最有趣的是，我發現，像我一樣一嘗上癮的人還不少哩，有人乾脆捧著家庭號的盒裝冰淇淋帶走，打算慢慢品嘗。

我一直想念著那天的貝蒂蓉，那香酸甜蜜的味道，總能引導我憶起那一天，我在聖路易島上看過的那些優雅的老房子、古靜的聖路易老街、三十一號前的彎彎人龍、排隊期待著貝蒂蓉的自己，以及心中那份，因貝蒂蓉而興起的喜悅和滿足。

香榭里舍大道

在成千上萬條巴黎的大道長街小巷中，它的名字是最響叮噹的，有人說，它是最帶巴黎風情的浪漫大道，有人說，走進它就等於走進了巴黎時髦的中心，更有人直截地以為，它就是巴黎的代名詞，提起巴黎馬上就會想及，噢，香榭里舍大道。

混跡雜踏的街頭，穿過壯麗的凱旋門，初旅巴黎的我將自己投入前方的人流，好奇地打量著初次見面的香榭里舍。

陽光灑然的香榭里舍大道上有好多來自世界各地的人，和我一樣流連張望著四周。我看見，幾個穿著入時的年輕女孩彎著腰將鼻子湊近華麗的時裝展示窗，發出連聲讚嘆，一些來自東方的遊客高舉相機猛按快門，按得喀擦喀擦響，再往前走迎面出現一對熱情招呼的男女，歡喜地相互貼貼臉，發出啵啵的親吻聲。

而張開了洋傘的露天咖啡座呢，可真是生意興隆呀，有人在位子上低頭寫著明信片，有人揚起了臉彷彿正聞著街上的氣息，也有一些人，懶懶地靠著椅背，眼睛瞇成了一條細線，瞧著走過眼前的曼妙女郎。

華美的櫥窗、遊人的相機、街上的法式長吻與一雙雙的瞇瞇眼，這些是香榭里舍給我的最初印象，往後，只要提及巴黎，我的心頭總會飄過那時香榭里舍的影像，在巴黎那麼多的街道中，噢！香榭里舍，真是令人印象深刻的一條街道呢！

花都小甜餅

早上在巴黎，於左岸遊遊蕩蕩之際，無意間發現了自己心儀已久的一家甜點舖。記得一篇文章的介紹，這家甜點舖最出名的糕點為MACARON小甜餅，它的外型小巧玲瓏，香酥的兩片圓餅中夾著柔軟濃密的餡心，口感輕盈細緻，是巴黎人最愛的點心，也是巴黎精緻品味的象徵。

源自義大利威尼斯的小甜餅，據說最初的靈感，得自僧侶自身的肚臍眼形狀，當

時，威尼斯的修道院就替這圓滑的小甜餅取了一個有趣的名字：修士的肚臍眼。後來，小甜餅傳到了法國，作法及餡料皆有所改進，特別在巴黎，小甜餅的製作，更被提升為一項講求創意的藝術。

推開甜點舖的白色大門，我好奇地打量店內盤盤排列的小甜餅，隨意點選其中幾款帶走，回旅店品嘗。或許是期待過高的緣故吧，試嘗之後，總覺得不如想像中的可口，雖然餡心頗富創意，口感也真細緻，但似乎甜過了頭，讓人有點招架不住呢。

倒是離去前的那個午後，我到瑪德蓮娜廣場附近的沙龍喝下午茶，見識到巴黎人品嘗小甜餅的模樣：只見鄰桌一名妝扮入時的美婦人，優雅地翹起小指頭，用拇指及食指凌空輕捏著小甜餅，送入口中品嘗，滿足陶醉的表情彷彿是一種發自內在靈魂的由衷喜悅。雖然我對小甜餅的美味還是有所質疑，但真的相信，巴黎人真是對它情有獨鍾。

瑪德蓮娜蛋糕

初識瑪德蓮娜是在一篇討論作家普魯斯特的文章裡，其中有一段文字，大意為：普魯斯特有一回吃了母親給他的蛋糕和茶，香甜的蛋糕屑與溫熱的茶水混合出的味道，令他憶起兒時常吃的一種小蛋糕以及在貢布雷的生活，於是，普魯斯特在往後的一年多裡，每天都花很長的時間來追憶往事的點點滴滴，最後竟串聯成《追憶似水年華》這部近兩百萬字的文學巨著。而勾引起普魯斯特回憶的小蛋糕，有個可愛的名稱，叫做瑪德蓮娜。

瑪德蓮娜，MADELEINE，是一種扇貝型的小蛋糕。記得多年前初旅巴黎時，從未體驗瑪德蓮娜滋味的我，懷著好奇心，直奔瑪德蓮娜廣場的FAUCHON美食館，據說那裡有全法國最好吃的瑪德蓮娜小蛋糕。

排在長串的人列後面，等待又等待，我終於買到了新鮮出爐的瑪德蓮娜。然後，買一杯拿鐵，挑美食館裡的一處小角落，一邊想著普魯斯特的文字，一邊品味著瑪德蓮娜細緻的奶香，就這樣，我在巴黎渡過了一個愉快的下午。

關於瑪德蓮娜的由來，與一名美麗的女子有關。時間回溯至法王史塔尼斯拉在位期，當時，在一次盛大的宮廷宴會中，負責甜點的主廚突然離職了，於是一位名叫瑪德蓮娜的侍女便自告奮勇，代替主廚烘烤出香氣誘人的小蛋糕，讓在場的賓客吃得眉開眼笑，也取悅了國王。國王為了感謝她的巧手慧心，便以她的名字將這款小蛋糕命名為瑪德蓮娜。流傳至今，瑪德蓮娜已成法國知名的甜點之一。

對普魯斯特而言，小小的瑪德蓮娜像觸媒般引起他泉湧般的回憶。對我來說，瑪德蓮娜成為我一再重遊巴黎的誘因之一：在人群雜踏的路邊咖啡座，點一杯香濃的拿鐵，一份純手工烘焙的瑪德蓮娜，想著心事，瞧看掠過眼前的浮世風情。

布雷斯雞

那餐廳在巴黎，有寬敞的挑高空間，燈光柔和，餐桌鋪著潔白如新的亞麻布桌巾，看起來明淨爽朗。

翻開菜單，我以極有限的法文吃力理解著一行行天書般的文字，並不時以眼角餘光偷瞄鄰桌上的美食。一隻烤得金黃噴香，還嘶嘶作響的大雞腿引起了我的注意，好吧，就那個了，順著我手指的方向，侍者和我確認：「Bresse Chicken？」隨後微笑點頭，轉身朝廚房而去。

一聽見Bresse Chicken，我的雙眼馬上就發亮了，那，可是法國雞中的極品哪！有王者之禽美譽的布雷斯雞，據說出身自法國東部的布雷斯地區，每一隻布雷斯雞從出生開始，便接受專人的完善照顧；牠們被圈養在五千平方公尺以上的綠草地上，寬闊的草地放養讓布雷斯雞得以心曠神怡地盡情活動，再加上雞農們定時以天然的玉米牛奶等副食品餵食增肥，養得牠們的皮膚特別光滑，骨架勻稱，肉質呢？聽說是肥嫩到入口即化。

一陣濃香將我的思緒打斷拉回現實，久仰盛名，我珍重萬分地切下一片酥黃油亮的布雷斯雞腿肉入口品嘗，嗯，真的，味道好極了，雞汁飽滿的肉質細嫩到一入口就融化了，濃郁的肉香在齒舌間久久不散。

那是我第一次嘗試布雷斯雞，牠的美味，讓我的味蕾驚豔，極致的味覺享受，讓我由衷地想對法國的雞農致上最高的謝意。

勃根地蝸牛

等待又等待，服務生終於端來了我點的蝸牛料理。

剛出烤箱的凹型鐵盤上，還發出陣陣滋滋作響的油爆聲，十二隻勃根地大蝸牛就棲身在這特製的凹槽裡。熱騰騰的奶油蒜香誘得我饑腸轆轆，接下來，我遇到了一個難題：如何把蝸肉從殼中挑出？

這是一家臨近巴黎龐畢度中心的蝸牛餐廳，以傳統勃根地蝸牛為招牌菜，總能吸引絡繹不絕的饕客。我呢，雖不是個蝸牛迷，但出自好奇，知道巴黎有這麼一家上百年的蝸牛專賣店，怎能不去探探、嘗嘗那不起眼的小東西為何被法國人視為珍饈？

據說，早在羅馬時代，蝸牛就被當成一種飯

後的可口點心了，而蝸牛家族中的勃根地蝸牛之所以聲名大噪，全因十九世紀時，幾位到勃根地選酒的酒商，無意間享用了當地的蝸牛大餐，旋即為之傾倒並廣為宣傳，勃根地蝸牛的美譽就這麼傳到了巴黎的美食界。

偷偷地用眼角的餘光瞄著隔壁桌的一名男客，想瞧瞧看，他如何應付這幾隻熱吱吱的蝸牛。只見他拿起桌上一把類似睫毛夾的鉗子夾住白色的蝸牛殼，然後再以一支小叉，向準蝸肉，優雅地一戳，旋轉，裹著香芹蒜泥的肥碩蝸肉就這樣被揪了出來。

我小心翼翼地模仿他的動作，試著將蝸肉挑出，入口品嘗，嗯，味道真得很棒！滋味鮮嫩得果真讓人一嘗難忘呢！

踩出好心情

朋友小惠知道我要去巴黎，千託萬囑交待要我幫她帶回兩雙CAMPER：「鞋店的地址都幫妳問好了，就在St-Sulpice地鐵站附近，我要一雙PELOTAS，一雙TWINS。」

依著地址左探右尋，總算在左岸找到了那家鞋店。記得小惠曾說：「CAMPER是受人激賞的西班牙品牌，已經成為時尚界的一則傳奇。」當時，我聽了心想：「不會又是賣弄時尚概念的虛偽鞋款吧？」

推開鞋店大門走進去，隨意瀏覽後發現，CAMPER和我所知的名牌鞋款迥然不同，它的線條簡潔，色彩自然，刻意與奢華唱反調的純樸設計休閒而不失個性。逛著逛著，我來到PELOTAS的陳列區，挑其中幾雙來看，鞋底有著大小不一的豆豆點，有些還在鞋底添加了花朵、檸檬或蝸牛等風景，「好像連鞋底也有了一張有趣的臉。」我不禁想起小惠曾如此形容她最愛的PELOTAS。

而TWINS呢？一看不得了；這一系列簡直令人驚豔，完全跳脫鞋子的傳統，大膽地在鞋面、靴筒印上不對稱的幽默圖案或環地中海的風景，讓TWINS變成一雙雙會說話的鞋子，說著：我想去旅行，我想過輕鬆有趣的日子。

興味盎然地看了好久，最後，除了小惠指定的之外，自己也買了一雙豆豆底的海藍PELOTAS與左右腳風景不同的TWINS。回到台灣後，迫不及待地換上TWINS出門與小惠見面，穿著它走路，沒有新鞋的磨腳還意外地踏實好穿，體貼的設計讓腳趾頭伸展得十分舒暢，每一隻都能自在地呼吸。

小惠告訴我：「CAMPER實用耐穿又有設計感，在台灣，不僅深得女性青睞，連男性也為之著迷，有些還熱衷於收集PELOTAS等經典款呢！」

一穿CAMPER即愛上它的我，很能體會為何它能引人愛之，藏之，因為，當自己心情有點沮喪時穿著CAMPER出門，一些關於自由、想像、旅行、幽默等感覺便會不由得襲上心頭，就這樣，踩著它走著走著，心情常會逐漸好轉而輕鬆起來了。

尼斯 Nice

在豔陽高照的尼斯夏天，
看見認真晒太陽的尼斯人，
大方露出烙印陽光吻痕的古銅色肌膚，
一點也不在乎別人看。

向晚的天使灣

一路，我睜大了眼睛瞧看，白天裡的天使海灣正熱鬧，沿著海灘步道走，一望無際的藍天及海水就在我身旁，路邊閒坐的、慢跑的、戲水的，還有躺在海灘晒太陽的，典型的蔚藍海岸風情就這樣呈現在我的眼前。

陽光實在過於熾烈，怕晒的我，不由得將眼睛瞇成了一條細縫，並穿戴上寬緣大帽及長衫，我的另一半，益，見我這副懼光的模樣，不禁笑道：「人家巴黎的名媛紳士可捧著花花的大筆鈔票到這裡專程享受蔚藍海岸的陽光，而妳卻避之唯恐不及，這，實在太辜負老天的美意啊！」

聽他這麼說，我心想，話是沒錯啦，可就是提不起勁到海灘坐坐，眼望躺在海灘一絲不掛的那些戀陽客，密密麻麻地成排被烈陽曝曬著，我幾乎都要聞到一股人肉烤焦味了。

對海灘有點失望的我，轉而到尼斯老城遊逛，晚飯後，一時興起，又閒步回到天使海灣。

那時已是天色向晚的黃昏，海灘上的弄潮客幾盡散去，四周安靜了下來，白日裡一席難求的白色躺椅此刻一片淨空，海灘上只剩寥寥數人閒閒對著晚空。

相較於人擠人、喧鬧雜亂的日間灘頭，向晚的天使灣雖然有點寂寥，卻也增添了些許空疏的寧靜感，讓人更想親近，也更接近遠道而來的我對它的期待。

人潮散去才讓天使海灣露出了它完整優美的半月弧型，忍不住地我也在海灘上坐下來，看著日頭變黃，再漸漸由金而橘，最後轉成浪漫的淡粉，染在整個海灣上。那樣的美麗，看上去有一種令人驚嘆的安詳，讓人眷戀，想一直依偎在它的臂彎中。

認真晒太陽

一到夏天，尼斯就會有件大家都愛做的事。

往城裡看，那些房子有陽台的人家，東一把西一把的，開始於自家陽台撐開花花綠

綠的大傘花，然後街頭上也出現愈來愈多穿著清涼的人，紛紛朝海灘的方向走，陽光愈熱烈，陽台上的傘花與海灘的人就愈多，做什麼呢？其實就是晒太陽。

夏天的尼斯似乎就只關心晒太陽這件事。懶得走的老爺爺老太太會在陽台傘花下的躺椅上，戴起墨鏡靜靜躺著晒太陽，腿力好的年輕人則會跑到尼斯最聞名的天使灣海灘，認真的，狠狠的，恨不得將自己全身上下的每吋肌膚都獻給那熾烈的陽光。

天使灣海灘的戀陽客，他們晒太陽的那股認真勁兒，看在亞洲旅人的眼中，恐怕要覺得受不了了。

先是時間，打從太陽開始轉熱的午前十點左右，趕早不趕晚的晒陽客陸陸續續地出現於海灘上，帶著防晒裝備與書或隨身音響，簡單鋪上一條毛巾坐著、仰著或趴著，開始晒太陽。他們晒太陽，可不是蜻蜓點水含蓄地晒晒幾分鐘就算，而是轟轟烈烈野心勃勃，把皮膚科那套烈陽傷害肌膚的理論置諸腦後，準備與豔陽來一場連續好幾個小時，長時間的廝混、貪戀。

晒陽客的豪爽不囉嗦也足以讓亞洲旅人的眼界大開。還記得自己第一次走在英格蘭人散步道，放眼天使海灘，躺在那裡脫得不掛一絲的胴體，一路綿延，多到好像擺在魚攤上滑溜溜的魚，真是環肥燕瘦，繽紛招展，眼花繚亂又嫵媚刺激。

不習慣在公開場合坦胸裸體又怕晒的亞洲女士們看見這樣的場景，或許要不解的搖搖頭，可男士們就不同了，他們揚著臉，有點緊張，有點振奮，有點害羞與小小的渴望，望著那些裸裎的女體、美麗的歐洲乳房，可能要好一陣子才能回過神來。

在豔陽高高的尼斯夏天，看見那些在陽台、海灘或步道認真晒著太陽的尼斯人，他們是那麼陶醉、舒服、放鬆，大方露出烙印陽光吻痕的古銅肌膚，自在得一點也不在乎別人看！

靠近夏卡爾

沿著西米茲大道走一會兒就會看見一棟有四方院落的大房子，白色而簡潔，在陽光裡靜靜的閃著光，那就是夏卡爾在尼斯的美術館。

我喜歡夏卡爾的畫，在他那色彩濃烈的油畫裡出現的常是超現實，帶著夢幻的情景；在空中飛翔的牛羊、立在屋頂上的提琴手、燦爛如煙火的花束、飄浮於空中的戀人，還有那緊密深情的擁抱，每次看見夏卡爾的畫，總感覺自己就像踏進了軟軟、甜甜又神秘的夢境，一些詩意與快樂的感動總能打從心底自然地浮現出來。

尼斯的夏卡爾美術館收藏著夏卡爾晚年定居在汶斯時的許多作品，特別是以聖經為主題的一系列創作。有別於一般傳統的聖經油畫予人的嚴肅印象，夏卡爾以他一貫夢幻的畫風畫他心中的聖經故事——畫裡的白色聖母面容溫柔而甜蜜，安詳地飄浮在藍色夜空，率眾橫渡紅海的黃色摩西看起來慈祥又和藹，就像一個溫暖的傳道者——明朗的寶藍、鵝黃與大紅色彩，讓他的聖經故事發散著抒情而喜悅的氣息。

我在光線明亮的展覽室看著夏卡爾彩繪的聖經故事，對聖經故事原本不太熟悉的我，竟漸漸拉近了與它的距離，著迷於大師的畫中世

界，一幅接著一幅看下來，心中突地想到一句話：「什麼樣的畫面往往能反應畫畫的人有顆什麼樣的心。」我想，這位孜孜不倦的大畫家，到老都還能保有一顆純真浪漫的心，因而才能創作出如此動人的繪畫吧！

走出美術館後，豔陽依舊高照，趁著日光晴好，我繼續驅車趕往尼斯附近的聖保羅小村，聽說那裡的公墓是夏卡爾長眠的地方。

村子不大，很容易就找到了夏卡爾長眠的公墓，墓園相當整潔而安靜，一兩個比我先到的旅人正低頭站在大師的墓碑前。

墓園裡大師的墓石相當顯眼，簡單的長方型大理石碑上放著許多大大小小的石頭，據說，這是猶太人的一項習俗；許多悼念夏卡爾的人來到他墓碑前都會虔敬地放上一顆小石頭。

輕輕地我彎下腰，在夏卡爾的墓石上放了一顆小石子，表達自己對他的想念和喜愛，當石子與墓石輕觸的那一瞬間，突然覺得，第一次，自己與夏卡爾，靠得好近、好近！

夢想當富豪

不知怎地，人來到了尼斯，就會忍不住做起發財夢；夢想自己是個富豪。

以尼斯為中心的蔚藍海岸，風景優美，氣候宜人，是歐洲聞名的高級渡假勝地。它的發跡，聽說是在從前這一帶還散佈著許多小漁村的時候，有一位英國公爵經過這裡要去義大利，途中因霍亂的流行以致邊界封鎖，去不成義大利的英國公爵只好滯留於此，沒想到竟意外發現此地的宜人風光，於是決定在此蓋起別墅。

這個舉動引起英國上流社會的好奇，隨後而來的上流貴族也跟著愛上了這裡，紛紛競相購地建起一棟又一棟的豪華別墅，到後來，連維多利亞女皇也來了，女皇的大駕蒞臨更加穩固了蔚藍海岸渡假勝地的美名。

我和益租了一輛車，兩個人打算從尼斯開始，沿著地中海岸一路開往摩納哥。

愈往山巔海濱走，想當個富豪的欲望就愈來愈膨脹，那些巨大的豪宅，有著私人泳池、華美花園、堅固的花崗石圍牆，一排又一排蓋在山崖濱海處，氣勢磅礡地衝擊著你的感官。雖然你看不到住在裡面是什麼樣的人，卻可以紮實的感受到，房子的主人是個擁有天文數字身價的超級大富豪。

你不禁開始夢想起來，如果退休了，老了，能在這裡舒舒服服隱居，擁有一棟面海的房子有多好，每天早上在海鷗的叫聲中醒來，一拉開窗簾就看見地中海的萬頃碧波，當別人匆匆忙忙地出門為生活打拼掙錢時，你可以悠悠哉哉地出門，走向泊在碼頭的白色遊艇，出航，享受旖旎的藍天碧海。

不知怎地，蔚藍海岸的尼斯就是一個叫人容易想到「富豪」二字的地方，名車、豪宅，還有華麗的私人遊艇，它們不斷炫目耀眼地出現在你眼前，讓你覺得世界上的富豪好像都集中到了這裡，而富豪們那舒適富裕的生活方式又不停刺激著平凡的你，禁不住要不切實際地在心裡許願，像泡沫一樣夢幻又易碎的富豪大夢。

清爽爽尼斯沙拉

若說令我懷念的尼斯傳統美味中，哪一款是最得我心的？說出來你可能要有點驚訝了，它其實一點也不昂貴，更談不上複雜，它只是一盤簡單清爽的尼斯沙拉。

雖然只是一盤沙拉，可是嘴巴挑剔的法國人就是有辦法將它調製得分外美味。

我記得初嘗它的滋味是在抵達尼斯後第三天，那一天，尼斯的氣溫飆得好高，熱得有點中暑的我很想吃點什麼清涼的食物消消體內火氣。益拉著我在老城巷內探尋，找著找著最後決定到那間人氣頗旺的小餐館用餐。

小餐館雖小可菜色不少，都是傳統南法風味的料理。我的胃口不佳，便隨便點了一份沙拉來嘗。

等菜上桌後，我又不得不再一次佩服法國人天生的色彩搭配力，發揮到料理上，雖然不過是一份沙拉，但潔白細緻的磁盤上先鋪上鮮翠的綠葉打了底，然後層層疊上豔紅的番茄切片、細白的洋蔥絲、綠萵苣，再飾以新鮮的鮪魚、黑橄欖，最後再淋上晶瑩的橄欖油，亮麗的色彩讓人一見，一顆心瞬間明亮了起來。本來食慾不振的我，此時早已胃口大開，趕緊取來刀叉將眼前的尼斯沙拉攪拌一下，放懷享用。

聽說這尼斯沙拉，是讓尼斯人相當自滿的一款傳統美食，特別是夏天，每逢用餐時分，大街小巷的餐館裡幾乎都可見到它的身影。關於這點，本來我是有點不信的；心想，如尼斯這樣一個南法知名的泱泱大城，它的招牌菜色應該大有文章，不致這麼素樸簡單吧？

可那天在那家小餐館品嘗尼斯沙拉，吃在嘴裡的那些番茄洋蔥橄欖，彷彿在南法肥沃土壤裡孕育出來的天然好食材，只是簡單的調配就綻放出清新舒爽的迷人滋味，好像在食物本身的美味之外還多了一點田園鄉野的想像在裡面。

在旅途中，食物總能適時地產生慰藉、治療的作用；那一天，在風捲殘雲吃掉大半盤清爽多汁的尼斯沙拉後，我體內的暑毒彷彿也隨之一掃而空了呢！

華麗的背後

要是你對尼斯這個南方之城只抱持海灘、渡假、豪宅、遊艇等華麗印象，那麼你實在小看、簡化了這個城市。

尼斯沿海的那一面，場面氣派現代，華麗到幾乎攫取了世人所有的目光，可離海灘遠一點、靠舊港近一點的那一帶，隱藏著尼斯的另一面，到那裡就像乘坐哆啦A夢的時光機，一下子從現代回到了一個溫情脈脈的老尼斯。

在尼斯挑一天，早點起床，到舊市街最熱鬧的莎萊雅廣場，逛逛那裡的早市、花市，與在地的尼斯人混在一起近距離地接觸，看看他們都買些什麼，用些、吃些什麼，體會一下在地庶民的生活脈動，只消幾分鐘，你就會喜歡上那裡的親切與活力，想要久居的心不由得就浮現出來。

再往舊市街深處的窄巷走，馬上就能聞到一股濃濃的老舊氣息揚散在街的兩側，那些老房子的老牆面，帶著百年風塵，就像一張張快要消失的耆老面容，有一種繁華過後的沉寂，在淡黃的光影中帶著一種緩緩悠悠的情調，讓人不由得追憶起一個遙遠而模糊的舊時空。

有時走著看著，抬頭常會發現裝修的建築工人敲敲打打的在為老房子重整筋骨，修飾美容，他們仔細地清潔、上漆、磨石，讓房子外面那些已有百年歷史的石刻浮雕得以再現。看見那樣專注認真工作的人們，總讓我感動；總覺得他們應該是性情溫和又有耐性的一群人，才足以勝任這種純手工又耗費精力的行業。

再瞧瞧那些綴著繽紛花朵的陽台或門窗吧，它們也是尼斯老城裡迷人的風景之一；經過那樣精心打扮的陽台總讓人忍不住多瞧幾眼，陽台上綻放的桃紅姿顏，豔滋滋的色彩不僅看在眼裡歡喜，更為老房子的臉點上了青春的胭脂。

在我的眼中，尼斯華麗的背後不是蒼涼、破舊或凋敝，雖然有點老了，有點舊了，卻仍像保養得很好般，依然風韻猶存，帶著曾在人間散發過光芒而後沉澱下來的內斂情調，反而更加耐人玩味。

馬諦斯最後的光

除了夏卡爾，尼斯還有另一位我相當喜愛的畫家馬諦斯，晚年也曾住在這裡。

熱愛光與色彩的馬諦斯，將生命中的最後幾年留給陽光燦爛的尼斯，而尼斯西米茲地區的雷吉娜大廈，便是馬諦斯晚年居住與創作的地方。

那時，七十多歲的馬諦斯住進了雷吉娜大廈，年邁與病痛並未消減大師對藝術的熱誠，反而促使他更加積極從事剪紙、雕塑等藝術創作。

搭著尼斯的市公車，我來到了西米茲地區的馬諦斯美術館，當年大師在雷吉娜居住時用過的傢俱以及部分創作，如今都收藏到了這裡。

我在大師用過的傢俱之間徘徊，那裡有邊框鑲有黃銅的掛鏡，洛可可式花紋的桌子，現代感十足的紅色絨布沙發，以及許多來自中國或東洋的字畫、古玩與木頭茶几。看著它們，讓我稍稍了解了馬諦斯對居家用物的品味；感覺到大師可是那種很懂得收藏、挑選不同風格的東西來組成自己生活的人呢！

從一個人的居家擺設可約略猜知一個人的個性，我想，馬諦斯應該是不喜歡將自己侷限在一種風格的那種人吧，這樣的人才會對不同的事物抱持很深的探索興趣，轉而運用到藝術創作上，讓他能對繪畫、剪紙、雕塑，最後甚至是教堂的設計都深感興趣，且在各個領域的表現都能那麼出色。

畫筆之外，剪刀是馬諦斯另一種創作工具，他曾誇讚剪刀的妙用說：「剪刀是一副美妙的工具，用來做剪紙的紙張也很美麗。利用剪刀在這樣的紙張上工作，是一件能夠進入忘我境界的美妙事情。」

站在美術館收藏的大師剪紙藝術前，看著大師用剪刀輕快的剪出一系列色彩亮麗的人與物，有的婀娜多姿，有的單純可愛，瞧他們繽紛輕快地在你眼前舒展、跳躍，你的心也跟著快活起來，從而感受到那個在色彩中快活剪紙的馬諦斯，他的心情與熱情。

尼斯時期的馬諦斯還有一件偉大的創作，也是他留給世人的最後一件作品，羅薩里教堂。

教堂位於離尼斯不遠的小鎮汶斯，馬諦斯在八十歲的高齡時開始羅薩里的室內裝飾設計。那是一座簡單而聖潔的小教堂，來到這裡先會被它簡潔的入口所吸引，踏入禮拜堂後，裡面陳列的聖袍、祭壇、十字架，還有大型的彩繪玻璃窗，全都出自馬諦斯之手，洋溢著大師剪紙藝術前衛又洗練的風格。來到這裡坐一會兒，被那些明亮純粹又和諧的色彩所包圍，感覺就如同馬諦斯希望的，讓你像坐在一把舒適的安樂椅上感到了一種撫慰與寧靜。

那座小教堂是馬諦斯留給人間最後的光，它帶著馬諦斯獨特的藝術魅力，安慰著每一個走進它懷抱的世人。

費茲 Fe'z

走進Medina，你可要有心裡準備呀，
因為出口可能又是另一個迷巷的入口，
誘引你繼續一段不知蜿蜒何處的探尋。

沙漠小良伴

從小生長在亞熱帶的我，對沙漠一直懷有強烈的好奇；蜜桃色的沙丘，披白袍的貝都因人，騎駱駝尋找綠洲的遊牧民族，清泉、仙人掌，還有人稱沙漠之寶的棗椰樹。從來不曾在生活中見過這些東西的我總覺得，它們是活在想像中的東西，神秘古老又浪漫，和我隔著距離，屬於遙遠的他方。

直到有一年，我到北非旅行，在那裡，原來一直活在想像裡的東西一下子全變成了真；一望無際的澄黃色沙石圍繞在我周圍，騎駱駝的貝都因人帶著我在綠洲中漫遊，我還記得，在綠藍藍的天空下，我看見了一大片綠油油的棗椰樹，外形就像常見的椰子樹，沿著小溪蓬勃生長。

第一次站在棗椰樹下，我訝異著枝葉並不濃密的它竟然結出了累累的綠果實，成串成串地從枝頭垂下來，看起來宛如台灣的檳榔。當地的人說，棗椰在他們心中，與駱駝及水，並列為沙漠三寶，那些結實成熟的綠果子甜度很高，常被採摘下來風乾製成蜜餞，喚作椰棗，是一款相當特殊的漠地風味。

「喔，我明白了，原來棗椰是樹，椰棗是果實。」那時的我這樣想著，心裡不由得生出一股好奇，納悶椰棗究竟是什麼味道。然後，在接下來的旅途上，有一日，經過一處沙漠市集，從一列列色彩鮮明繽紛的攤位中終於發現了椰棗的蹤影。

已風乾了的椰棗果，被疊放在陶缸裡，堆成一落落尖尖的小丘，褪下綠色外衣的它們換上了沉實的褐色，依製程及風乾時間的短長，有的豐滿，有的濕軟。試了試其中幾款，還是覺得豐滿的種類較好，是新鮮的緣故吧；未經長時間沉澱的椰棗果，沒有滞嘴的甜膩而有一種清新的爽甜，十分討人歡喜。

接下來的旅途上，只要遇到新鮮的椰棗果，我都會買個一小袋放在肩包裡，邊走邊嘗，它們健康又自然，一直被我視為漠地旅途上貼心又無負擔的小良伴。

迷走Medina

提起旅人懊惱的諸般瑣事，我想，在旅途中迷路而摸不清方向，應可列為排行榜上的前十名。然而，有些地方，就是那麼奇特；按圖索驥循序遊覽反而失了趣味，丟掉地圖放任自己迷點路，反倒能領略該地的韻味，好比摩洛哥的費茲古城，Medina，就是這樣的一個地方。

一踏入費茲Medina，我就明白，手上的地圖其實是僅供參考之用的；這個回教世界最大最老的古城，縱橫交纏的巷與道，大概有上千條之多吧，錯綜複雜到連當地人都說不清了，初來乍到的外來客，真的只能狠下心，放膽一遊了。

放大膽子走逛Medina，我看見，飄出撲鼻異香的香料小街，走進去一轉是一道斜斜小坡，坡上開著一間間讓人駐足玩味的波斯藝品店，再往斜坡深處走，你以為應該就是路的盡頭了，沒想到卻一腳踩進費茲人家的後院裡，廚房正傳出來小米燉羊肉的香氣，全是陽光的小陽台拉出了麻繩曬著花花綠綠的長袍便服。你有點不好意思地鑽進去找出路，突地碰上了幾個老人坐在太陽照得到的地方說著話，他們一見有點慌張的你就明白，呵，又一隻迷途羔羊，了解似的笑笑後會好心引你到後院出口。

不過，你可要有心理準備呀，因為那出口可能又是另一個迷巷的入口呢，挑戰你的膽量，勾起你的好奇，誘引你踏進去，繼續一段不知蜿蜒到何處的探尋。

清涼馬賽克

在費茲古城的迷巷裡踅探越久，便越能體會這個古城的特殊風貌；穿過一道深長的拱門可能就是人聲喧嘩的市集，高齡千歲的老宅或寺院可能就隱藏在某條狹巷裡，有的時候，走進一個年久失修的大門後或是一棟土黃乾澀的建築裡，不期然地就會撞見讓人雙眼發亮的馬賽克中庭。

在伊斯蘭的傳統建築中，馬賽克一直是被高度運用的一項藝術，當顏色鮮亮觸感清涼的各式瓷磚被精心設計編排後，貼滿在房屋的牆面地板或是鋪在庭院裡的水池列柱上，那種繁複光彩的伊斯蘭美絕對會讓看見它的人心神蕩漾。

雖然離沙漠還有一段不近的距離，但費茲的乾燥與熾熱卻讓我有點招架不住。初抵的那天下午，我在巷弄裡瞇著分辨不出方向的眼睛左探右尋，很想找一處可以歇腳納涼的地方，就這樣走著走著，在一道不起眼的土牆後遇見了那個馬賽克中庭。

我一直忘不了那個馬賽克中庭，它就像一具秘密的冷氣機，讓一腳踏進去的人馬上就能感到一股迎面的清涼，紓解了焦躁。

而最動人處當屬它的色彩了；庭院裡那些細緻多彩的瓷磚鋪滿了四面八方，它們好像有一套自己的邏輯韻律彼此交叉組合，在牆上生成萬花筒般的美麗圖案，將你合抱起來。

它們是那麼絢麗、奢華又飽滿，就像對著觀看它的人，歡唱熱情的色彩之歌。

逛Souk

假如有一天你到了費茲而沒去它的市集看看，那麼你一定會覺得遺憾。

市集的阿拉伯語為Souk，它通常位於古城中心，就像台灣的傳統市場，裡面賣的東西可說是包羅萬象，應有盡有。而費茲的Souk據說是回教世界裡最古老的，我在費茲停留的那段時間最愛泡在Souk裡閒逛。

Souk的店面美學是毫無章法不按道理的，有的是深不見底的狹巷內含蓄開著一間間小的難以旋身的雜貨舖，可裡面卻熱鬧澎湃著各種家用百貨或是當地小吃，有的店，像是對著人大肆宣揚般，鋪張地將店內彎刀、銅鏡、皮鼓、長袍等波斯藝品擺掛出來，野心勃勃地在那裡，等你掏錢購買。

而在我眼中，最迷人的要屬香料市集了，一踏進去先是眼睛一亮，鮮豔奪目的各種香料，由近到遠一道道鋪排出朱紅、橙黃、鮮綠、褐紅等色彩，所有的顏色都像是新鮮淬鍊的，閃著光，引你好奇的走向它，你忍不住又嗅又聞；豆蔻濃郁，胡椒嗆鼻，咖哩辛辣，番紅花則有一股陽光野花的氣息，你不禁深深地深呼吸，感受那鮮明天然的香料原味，有點微醺醺地沉醉在眼前的嗅覺宴饗中。

假如有一天你到了費茲，可別忘了到Souk，看看費茲人日常的生活底色，逛逛香料舖，買點奇豔的波斯文物，再嘗口特色小吃，那裡熱鬧活躍又繽紛，即便是最挑剔的旅人也能從其中發覺無窮的樂趣。

誦聲嚶嚶

清晨醒來，天才朦朧亮，迷迷糊糊躺在床上，又聽到了叫拜樓的叫拜聲，嚶嚶嗡嗡地從遠處傳來，古老的費茲，又浸染在這片神秘的誦經聲中。

已數不清這是第幾次聽到這樣的聲音了，每天響五次，每次數分鐘，叫拜樓就像個播送器，每天，分清晨、正午、下午、黃昏及夜晚五個時段，定時由樓塔上的傳道者以大喇叭傳誦可蘭經，叫人祈禱。那聲音通常都是中老年人的聲音，雄厚中隱含一絲絲年歲的蒼涼，神聖中帶有一股令人難以抗拒的威嚴。

在伊斯蘭的城鎮中，叫拜樓是極富指標性的一種建築物，它高聳直立似塔，挺拔於一片土黃色的低矮建築群之上，對不熟悉路況的旅人來說，看見它，就知道離城不遠了，而要是走在城裡迷路了，有經驗的旅人也會以叫拜樓為座標，辨識方向。像費茲這樣的千年古城裡，叫拜樓就有好幾座，它們分別散佈在城的角落，認識了它們，大概就能推估自己在城裡的方位。

雖然一日數回反覆傳誦，但那聲腔，我就是聽不厭煩，特別是清晨及黃昏；清晨時聽見那樣莊嚴的聲音，再混沌的腦袋也能一下子清醒過來，而太陽將落的黃昏時聽那聲音，向晚的瑰麗天空配上洪亮的吟誦，聽在耳朵裡，是那麼神秘聖嚴，撼動人心，連非回教徒的我都會打從心底升起對阿拉的深深敬仰。

戴面紗的女人

她一出現就引起我的注意，不是因為她的面容有多特殊，而是因為我根本看不見她臉上的五官，除了那一雙露在面紗外的眼睛。

女人的臉罩著一張黑色的薄紗，我盯著她看的同時她也正看著我，她的雙眼輪廓很深，勾著一圈和眉毛顏色一樣的粗眼線，眼尾翹翹地像要飛進了鬢角般散發一種野性火亮的神采。不過就是相互注視了三、五秒，我便抵不住她的眼波，有點心跳加速地趕緊將自己的目光拉回，別過臉去。

曾為法屬殖民地的摩洛哥，與其他的回教國家相比已是相當開放的，沿海城市的婦女早已搭上了時裝潮流與世界同步了，然內陸一些鄉鎮或古城，婦女的穿著打扮卻還是依舊，她們身裹長袍，臉上蒙紗，帶著脫離現實的神秘感，總能讓不習慣的外來客因好奇而忍不住打量。

在費茲的狹巷間穿梭，總能不期然地遇見披著長袍面紗的女人，有時，她們迎面向你走來，面紗外熒熒有神的雙眼會逼得你根本不敢直視。有時，走著走著就跟上了一個披長袍的女人，她的步履小巧輕盈，衣袍下的身型隱隱若現婀娜多姿，引人美好的想像。

但我想，面紗長袍引起的浪漫感是否是一種外來者的主觀想像呢？站在同為女性同胞的立場來看，我想，費茲的女人或許會想卸下那些拉拉雜雜的面紗長袍，換上簡單一點的輕裝便服吧！

坦那里

旅行途中，常有些地方以其特殊的氣味在我心裡留下深刻的印象且在腦海中建了檔，成了日後回憶該地的重要線索，好比，咖啡歐蕾的香氣常讓我想到巴黎，淡雅的櫻花香就讓我憶起春日的京都，而只要一聞到皮革的腥羶氣味，費茲這兩個字，就會從我腦海的檔案中自動跳出。

自中世紀以來，皮革製品一直就是費茲相當重要的傳統工藝，賴此營生的職人相當地多。常常，在舊城的窄巷間走著走著，就會聞到一陣刺鼻的皮革味，然後從不知道的巷角，就會突地鑽出一個挑夫或一頭驢，挑著沉甸甸剛風乾好的牛羊生皮，趕集似的一路大聲吆喝著要人讓路。

那些沉重的生皮將被載往費茲最古老的處理場，經過脫毛染色的加工處理後，才能被製成皮靴皮鼓等藝品。

被稱為塔那里的處理場從中世紀就已存在了，裡面的作業，從清除皮上的爛肉到去毛清洗軟化，最後到儲滿天然染料的陶缸浸染，這些繁複的步驟全以手工處理。

你能想像那個毛皮處理場的景象及氣味嗎？那天黃昏，我站在費茲的塔那里，第一次見識到了！漫溢四周的酸腐腥羶，嗆得人直想奪門而出，可地上注滿橙黃、豔紅、寶藍色染料的那些大陶缸，在夕照下的顏色又是那麼瑰麗動人，視覺的魅惑加上嗅覺的衝擊，讓塔那里成了費茲最具感官刺激的一個地方。

羊皮鼓，鼕鼕鼕

那是一個很大的場子，裡面已座無虛席，大家都盡量壓低了嗓音說話，桌上的燭光閃爍，為場子增添了些許神秘。

舞台的燈光漸漸捻亮了，身著傳統服飾的樂師一個個從後台出場，琴弦一撥，大鼓一拍，叮叮鼕鼕的樂音齊鳴，串成了催動的力量。我坐在台下屏住氣，雙眼緊盯舞台中央的那個肚皮舞孃，那性感的舞孃出場後，全身金豔豔地開始舞動起來，身型圓潤的她極有技巧地配合鼓聲，扭擺旋動著豐腴的肚臀，舉手投足之際盡是誘人的嫵媚。

對在現實生活中從來不曾看過肚皮舞蹈的我，肚皮舞就像天方夜譚的故事一樣是一種想像裡的東西，屬於古老的回教世界，帶著遙遠的距離。直到那一夜，我第一次在摩洛哥的費茲看見了肚皮舞表演，一下子，想像裡的東西全出現到了眼前，那夜裡的鼓音與舞姿讓我印象極為深刻，一直在我心裡散發著神秘香豔的魅惑。

後來在費茲停留期間，於街上閒逛時，發現了那個羊皮鼓，它的樣貌就像舞台上的那個擊鼓，核桃木的鼓身上用藍色的油彩畫了細緻的幾何圖樣，只是形體縮小了，可能是專為觀光客設計的吧，以便隨身攜帶。

它的出現挑起了我的收藏欲，我買下它，一路拎著回家。每當自己想念起費茲旅途的點滴時，我總愛拿它出來把玩，拍拍它，聽聽那厚實飽滿的鼓音，在羊皮鼓鼕鼕的低吟聲中，我，一遍又一遍地回想著那個神秘嫵媚，充滿異國情調的肚皮舞夜。

馬拉喀什

喧鬧明亮，
濃香飄溢的沙漠夜市是我忘不了的，
一張張飽足的笑臉閃在燈影裡，
一種歡快的熱力澎湃在黑夜中。

Marrakech

女人不上咖啡館

益駕車載我在撒哈拉沙漠奔馳，滿眼睛一成不變的黃沙世界看久了，心裡已漸漸失去初識它時的驚豔與感動，只覺得自己的腦袋昏沉沉，漫溢著睡意。卡爾維諾寫的沒錯：「一個人在沙漠裡旅行久了會渴望看見一座城市。」我轉頭看了看益，發現他也在硬撐；長途的漠地奔馳讓我們覺得疲累，好想看見一個城鎮，讓我們可以歇息。

淺黃色的漠地漸漸露出一點綠意，車子繼續向前綠意愈加茂密，我們期待已久的房子也跟著一間接一間地露了臉，原本快被睡蟲擊潰的我，此時見著了綠樹與房子，像被打了一劑強心針，旋即精神一振舉手歡呼——馬拉喀什要到了。

進城後繞了繞，找到旅店後進房，稍稍盥洗後又趕緊出門，開始對這個沙漠之城的探尋。

第一次來到這裡，我發現它的市容相當整潔有序，街上有許多高級的飯店、別墅和餐廳，商店或雜貨舖也不少，最讓人興奮的是路邊還有些略帶歐洲風情的咖啡館！見到咖啡館，我的舌尖馬上泛起一陣悸動；來摩洛哥旅行好多天了都沒遇見一間像樣的咖啡館，眼前剛好出現一間看上去還不錯的，不進去看看怎麼行呢？

一踏進光線略暗的咖啡館，下意識地，一股渾身的不自在頓時泉湧而來，等我坐定下來後才明白，是目光，整個咖啡館裡男人的目光全都匯集到我的身上！草草環視四周察覺到，原來除了我，這個咖啡館裡沒有其他的女人。

咖啡很快被送來，我喝了一口，苦苦的、沙沙的，味道並不好，而屋子裡那些男人，帶著好奇、野氣又放肆的一雙雙眼睛，向針一樣咻咻刺過來戳著我的心，更降低了我的興致，讓人想趕快起身離去。身旁的益早已發覺了不對勁，胡亂喝了兩口咖啡付了錢，便拉我離開。

那是我第一次走進一家只有男人的咖啡館，早在出發前就已聽聞，摩洛哥內地的一些城鎮對女人的態度還是相當限制的；女人不出入公共場合似乎是天經地義的事。

我想起書上看過的一句話：「在咖啡館裡，能夠看見這個城市的風格。」在我看來，馬拉喀什，這個女人鮮能自在出入咖啡館的城市，它的城市風格，實在不夠開放大方呢！

比拼雜技的秀台

若說馬拉喀什最引人之處在何方？我想，到過或沒過到的人都會這樣說：弗那廣場。

廣場與穆罕默德大道相連，位於舊城入口，在大道還未弄成寬敞的馬路、兩旁還未豎起樓房的年代，弗那是用來處決死刑犯的廣場，籠罩著一片肅殺之氣。隨後，因時代的變遷與城市的觀光推展，弗那廣場也跟著漸漸轉型，由開放取代封閉；露天的市集慢慢聚攏到這裡，沿街討生活的街頭藝人、浪人也向著這裡前進，人氣與名氣就像滾雪球般越聚越旺，如今的弗那，成了馬拉喀什最熱鬧活躍的一處地方。

我在弗那閒逛，這裡的舖位形形色色，擺攤的人也是形形色色，有些人滿臉神秘，彷彿搜集到了奇珍異貨似的向人吆喝著獻著寶，有些人穿著特殊，身上掛著叮叮噹噹的小銅杯又肩挑著皮囊，看了叫人生疑，走近一看才知，原來也正做著生意呢；賣的可是沙漠裡最珍貴的水哩。

而廣場上最引人注目的，莫過於那幫表演雜耍的特技人了，不論是打拳、擊鼓、疊羅漢，還是驚人的吞火、吹蛇或耍蛇，看上去個個成熟老練，彷彿有過多年浪蕩經驗似的沉穩地在人面前表演。

他們是一群讓弗那閃著特殊光芒的人，將弗那變成了比拼雜技的秀台，有點搞笑、有點即興、又有點想像力的表演，不僅滿足了觀眾，也滿足了自己的荷包。

沙漠夜市

熾烈的太陽一落，白日吸飽熱氣的漠地開始有涼風襲來，馬拉喀什的街頭漸漸熱鬧了，涼爽的天氣讓人有了出門的好心情，走在街上看著來往身旁的人；散步的、納涼的、站在路旁聊天的，還有就是像我一樣，饞著嘴，打算到弗那廣場找吃的人，人人臉上掛著深淺不一的笑容。

白天的弗那，是個雜技比拼的秀場，夜晚的弗那呢，轉眼即成攤位林立的夜市，許多到摩洛哥旅行的人，一定不會錯過這個沙漠夜市。

夜市的規模不容小覷，相較於台灣夜市的排場可是一點也不遜色，近百個大小攤位散布於廣場，攤頭上的黃色燈泡在墨黑的夜色中亮得耀眼。隨意繞上一圈後發現賣的幾乎都是吃的；滋滋作響的肉串，熱騰沸揚的濃湯，鮮橘的甜橙、冰凍的冷飲，還有許多我叫不出名字的當地小吃，直撲腦門的香氣叫人心跳悸動。

該從哪攤嘗起呢？我睜大眼瞧，越看越饞，就從烤肉串開始吧！香酥的肉串沾著特調的醬料，再搭個口感十足的烤餅，沒幾下就被我吃完了，繼續逛下去，要了一小杯熱湯來嘗，哇！濃烈的羊肉羶味嗆得我直呼受不了，趕緊轉身找來現榨的橙汁一杯接著一杯咕嚕咕嚕灌下肚。

那是個讓人難忘的沙漠之夜，那時，外面的世界漆黑靜寂，只有這方廣場喧鬧明亮，濃香飄溢，一張張飽足的笑臉閃在燈影裡，一種歡快的熱力澎湃在黑夜中。

塔吉與庫司庫司

彷彿就像一項必經的儀式般，每到一個新的國度或城鎮，尋找當地的傳統美食總成了我最先想到且視為重點的一件大事，別笑我饞嘴喔，民以食為天嘛，填飽了肚子滿足了胃才有力氣上路，更何況，美食一直是讓旅途變得美好的元素之一！

抵達馬拉喀什的那天，心裡就一直計畫著，除了到弗那的夜市逛逛，一定還要找間有特色的餐館，嘗嘗摩洛哥最著名的兩款食物，塔吉與庫司庫司。

還記得那是一間位於舊城的餐館，狹長的店堂一點一點地向裡延伸，隔成幾個包廂似的房間，店裡充滿摩洛哥風情的擺飾有種溫暖的老式情調。我向侍者點了塔吉，益點了庫司庫司，我們坐在自己的小包廂裡，滿心期待美食上桌。

當塔吉與庫司庫司端上桌時，盤子上扣著一頂三角錐狀的紅陶蓋，一下子攫住了我們的視線，蓋子裡好像藏著什麼珍饈般神秘地有趣，等到侍者掀開了陶蓋，我點的塔吉，一種匯集了蔬菜與雞肉的燉菜，看起來鮮美得噴香，而益點的庫司庫司，一種混和香料的小米蒸飯，也熱呼呼的叫人想一嘗為快。

對習慣了稠密軟嫩台灣米的我們來說，初嘗庫司庫司難免會對它那略顯蓬鬆且氣味獨特的味道稍感不慣，但嘗著嘗著，吸收香料精華的小米竟愈嚼愈有味道，每一入口都讓人嘗出了小米的淡泊清香。

至於塔吉呢，它的美味就不用說了，一掀蓋單聞它的香，就讓我為之傾倒了，等到蔬菜與香料搭配燉得柔嫩嫩的雞肉一齊入口，那滋味，濃郁襲人，叫人不得不服，塔吉，這摩洛哥國菜的魅力呢！

幸運之手

沒料到那雙手竟是這樣特別。

剛剛逛完弗那廣場，一條人影幢幢，與廣場相銜的小巷又引起我的注意，二話不說，馬上又朝巷裡探去。

一腳踏進巷子裡，一看，啊！原來又是市集，一間接著一間的雜貨鋪從巷口一路朝巷底延伸，幽幽深深見不到盡頭。往裡再走幾步，雜沓的人影、繽紛的波斯雜貨，還有隱然浮在空氣中的汗味、煙味，彼此混和交纏，發酵著神秘的熱帶氣息，浮動著沸騰人氣。回教的市集總是令人炫目，兜轉其中，總覺得自己像是置身某個迷幻的場景，恍恍然失去了現實感。

我在市集兜走，一間極小的、寫著「Hanne」的店舖勾起我的好奇，走近了瞧，門裡坐著一位戴頭巾的婦人和一位年輕女孩，婦人正低頭專注於女孩攤開的手掌，畫著什麼似的。

關於Hanne，是一種萃取自名叫Hanne，這種植物的天然染劑，Hanne加水調和後會由墨綠轉成朱紅，十分美豔。就像中國的艾草一樣，Hanne有驅邪、招來幸運的作用，塗了Hanne能得到阿拉的祝福，是以當地女子，特別是待嫁娘，喜歡將Hanne塗抹在臉部、雙手或雙腳上，以期獲得好運。

邊想著Hanne的傳說，邊注視著女孩的雙掌，只見女孩的掌上佈滿了縱橫線條，再細看那些線條其實並不簡單；好像經過精心設計似的交織成三角、稜型或圓點般的細緻圖案，看起來相當妖嬈而豔麗。我忍不住再看那女孩一眼，感覺到她的臉上有種虔敬的期待；彷彿正期待著阿拉的祝福。

那一天，走出市集後，我在老城的民宅，意外發現有些老宅的大門上鑲著銅製的女手，模樣非常特別，讓我聯想起這會不會是象徵繪著Hanne的幸運之手呢？有了它在大門上，就表示阿拉的祝福將護佑著自己的家門。

佛羅倫斯

一到晚上，亞諾河畔就豔麗起來，
點燈的老橋彷彿有種難以言喻的魔力，
那浪漫的光，總能挑起人們愛情的想像。

Firenze

但丁的愛情橋

穿過烏菲茲美術館前的希紐列廣場，往亞諾河的方向走去，我看到了橫跨河上的維琪歐老橋。

遠觀老橋，九月的秋陽如蜜，照著橋廊，替它遮去了些許滄桑，增添了幾分秀美，那些蓋在橋上，原本看起來陰鬱的老房子也因晒足了陽光而變得優雅明亮起來。

維琪歐老橋，佛羅倫斯最古老，一座聽起來帶著詩意、帶點浪漫色彩的橋，據說，曾紀錄著一段動人的愛情故事，故事與寫《神曲》的詩人但丁有關。

故事應該是發生在但丁九歲那一年，年紀小小的但丁有一次在自己家族的教堂裡遇見了一個

名叫貝緹麗彩的女孩，一見而愛上了她。後來兩人再度相逢時，是在維琪歐老橋上，可惜的是，當時但丁已與其他女子有了婚約，只好無奈地望著從小便於心中愛慕的佳人離去，而更令人唏噓的是，當但丁結婚時，貝緹麗彩竟已遠離人世。

失去貝緹麗彩的但丁，為了排解思念之情，開始認真研究起神學與哲學，進而提筆創作《神曲》，將對貝緹麗彩的愛意粹煉成美麗的詩篇。

我在老橋附近徘徊，不由得想起曾看過的但丁肖像畫，印象中，那不是一張開朗的臉；抿得很緊的薄唇與鷹鉤鼻看上去有種寡歡的憂鬱，陷得很深的雙眼好像有一種被壓抑的情感，對人生的失望在裡面。從小失去母親，長大失去愛人，最後又被迫離開家園、客死異鄉的但丁，他的臉藏不住失意，隱隱透露了自己那愁苦的人生。

我在橋上揣想著那年但丁與貝緹麗彩相逢的情景，同時腦海裡又迴旋著《神曲》裡的文字片斷：「一位仙女忽然在我面前出現，她戴著橄欖枝的花冠，穿著火紅衣裳，使我再一度感到舊情的炙烈。」

抬眼環視周遭，陽光灑然的老橋上，有那麼多來自世界各地的人，也和我一樣，在橋上踱步流連，東張西望，不知，他們是想起了但丁的愛情故事？還是期盼在橋上也能有一段浪漫相逢？

亞諾河畔

如果你問我，佛羅倫斯最美的地方在哪裡？

我想了想，回憶帶著我，從老城區百花教堂的磚紅圓頂開始，經過喬托塔、維琪歐宮、烏菲茲美術館，最後來到亞諾河畔，而一想起亞諾河，想到它那平和柔軟的水流與圍繞在它四周的景緻，我的心總會馬上柔軟起來，而毫不猶豫地對你說，佛羅倫斯最美之處，就在烏菲茲旁的亞諾河畔。

白天的亞諾河畔是爽朗秀雅的，天氣好的時候非常適合散步，從旅店出門，我喜歡沿著河畔的人行步道一路走下去，直到老橋。途中，十七世紀的老建築露出了優雅的輪廓，平靜的河面上有人悠閒地划著小船，有人曬著陽光看書或畫

畫，還有許多迷戀河畔風光的人索性面河盤起腳坐下來，動也不動，打算狠狠看個夠似的。

到了晚上，亞諾河畔就豔麗起來，老建築裡的光線和亮起的街燈紛紛投在河面上，讓流水染上了絢麗的色彩，而最風情萬種的當屬老橋一帶，賣花的、捧花的、雙雙對對的戀人、熱情的擁抱與纏綿的吻，夜色中，點燈的老橋，彷彿有種難以言喻的魔力，吸引人們駐足流連，那浪漫的光，讓人覺得溫暖，總能挑起人們對愛情的渴求與想像。

在我的心裡，佛羅倫斯的亞諾河畔是最動人的，白天也好，晚上也好，它那兩種美麗的樣子，已牢牢地擄獲了我的心。

維納斯

我跟著長長的隊伍等在烏菲茲美術館的入口。那是一個秋高氣爽的早晨，陽光晴好，還有微涼的風從亞諾河畔一陣陣地吹來，安撫了人們焦躁的等待心情。

馬蹄形狀的烏菲茲，它的義大利文是「辦公室」的意思，當年，麥第奇家族的科西

摩委託瓦薩利建造設計烏菲茲，本來是用作地方首長辦公之用。後來，麥第奇的繼位者法蘭斯一世因對藝術深感興趣，決定將烏菲茲改為私用，收藏家族的藝術珍品，從那時起，烏菲茲改變了它的身份成為美術館，漸漸地館藏的藝術品越來越豐富，如今成了文藝復興美術的一座寶庫，吸引著絡繹不絕、像我一樣的美術朝聖客。

等到開館的時間一到，等待的人龍也跟著蠢動起來，大家都急急忙忙的想早點進去。第一次來到烏菲茲，一進門，我先是在原地楞了楞，後面的人像浪似的壓過來，再迅速地往我兩旁散去，我的心裡有點慌，緊捏著樓層平面圖，按著剛才在腦海裡演練的參觀路線邁進。

一個個房間看下來，一幅幅文藝復興的繪畫從我眼前掠過，那麼多的時代精華一下子全湧到了我的面前，叫人震撼得簡直就要窒息。就這樣看著看著，看見了自己年輕時很喜歡的那幅畫，波提且利的維納斯。

波提且利的維納斯是高中時就已知道的一幅畫，但僅從書裡見過，直到在烏菲茲，我才親眼見到了她。畫中的她姿態輕盈地站在張開的貝殼上，長而捲的金髮柔順地垂下來落在象牙白的裸身上，洋溢著動人的青春氣息。再仔細看她的臉，與許多中世紀聖經畫裡常出現的僵硬的臉相較，是那麼的不同；臉上像薄施輕粉般地透出健康的粉紅，兩道彎彎細細的棕色眉毛下有一雙安寧的眼和小巧的唇，那樣秀麗、無邪而甜蜜的一張臉，馬上拉近了觀者的心，讓人想親近。

還記得那一天從烏菲茲出來，我的腦子亂成一團，自己看過的東西全混在一起了，只有維納斯，她的樣貌清晰浮現於一片混沌之上。

忍不住凝望

從烏菲茲美術館出來後，我的腦子亂糟糟的，一下子在館裡看到的東西實在太多太多了，很想找一處開闊的地方鬆弛神經，沉澱一下，於是來到緊鄰烏菲茲的希紐列廣場。

在佛羅倫斯，希紐列廣場有最美麗的廣場之稱，廣場上收攬著文藝復興時代諸位大師的大理石雕塑，一踏進去後發現，這裡，簡直就像一座力與美的展示場。

我站在廣場一角，看著陽光下的希紐列。我的四周坐著站著許多旅人，有人正拿著烏菲茲的明信片打算寫點什麼，有人在圖畫本上用碳筆勾著周遭的石雕像，還有一小堆一小堆的人，什麼也不做，只是站在心儀的石像前面，仰起頭動也不動地凝望著他。

沒有一個人到了希紐列能不被這些雕像吸引，像我，剛從烏菲茲出來，雖然覺得自己該先休息一下，放鬆拉緊的神經，卻又不自覺地走到了石雕像的面前，心想：「怎能不好好看看它們呢？」

從立有一列雕像的蘭芝走廊開始，我看見源自神話的「薩比奴劫掠」、「魔女梅杜莎」，充滿戲劇張力的雕刻勁道讓你好像感到了故事情節裡的緊張氣息。

再往放有「海神」與「大衛」的那

個方向走去，仰頭細看，陽光下它們側著臉，沉思似的望向遠方，身軀坦蕩蕩地裸著，胸肌生氣勃勃地隆起來，頭髮、血管及突起的關節看上去好逼真，活脫脫就像兩個真實的美男子，沒有冷冷的傲慢或粗魯，卻有一種動人的強健與莊嚴，在你的面前，展現著大理石特殊的力與美。

那時，我突然懂得，為何人們一來到希紐列廣場的石像前總會停留，仰頭注視，我想，那是因為，在它們的面前，人們經歷了石雕藝術的力與美；那樣的力與美叫人怦然心動，忍不住仰起頭來，朝它們凝望。

托納布奧街十四號

從前，義大利南部小鎮有個小男孩，男孩對鞋子懷有高度的天份與興趣，九歲時，他為家人親手縫製了第一雙鞋，十三歲，他便在家鄉小鎮開設第一間鞋店。後來，男孩漸漸長大，他的製鞋技術也越來越知名，從義大利傳到了隔海的美國，應邀到好萊塢專為電影的鞋子作造型設計，許多知名的演員，如奧黛莉赫本，都是他鞋子的愛用者。

過了幾年，他回到義大利，在佛羅倫斯托納布奧街十四號開了一間製鞋公司，從那裡開始，他，薩爾瓦多費洛加蒙，建立起他的皮鞋王國，讓自己成為時尚界的一則傳奇。

傳奇總是引人嚮往，費洛加蒙的鞋子，舒適合腳，設計優雅，已成為鞋界的金字招牌，讓人心馳神往。

沿著托納布奧街走，我終於來到嚮往已久的十四號，費洛加蒙總店。明亮的櫥窗裡，燈光照下來，打在一雙雙精緻高雅的高跟鞋上，鞋面上那枚經典的金色扣環看起來多麼閃亮！

推開店門走進去，我覺得自己像跌進了一個有點華麗不太真實的夢境，於是盡量放輕腳步，放慢目光，仔細品味櫃上陳列的費洛加蒙。一雙雙看下來，不論是藍色低調的低跟便鞋、鑲著蝴蝶結的淑女鞋，還是粉色光澤的絲緞鞋、奢華的晚宴鞋，都那麼令人心動，想要擁有。可，店內的鞋還真貴呢，最簡單的款式也有近萬元的身價！

那是我第一次踏進費洛加蒙總店，雖然，心底有個聲音不斷提醒著自己，節制、節制、要節制，但遇上質好耐穿又心儀已久的費洛加蒙，自己心裡清楚，能節制，實在是一件困難的事啊！

百花聖母院

一直很喜歡那個名字，百花聖母院。

百花，給人的感覺是優雅美麗的。曾是翡冷翠共和國時期宗教中心的百花聖母院，那由粉紅、潔白及墨綠交織而成的花紋外觀，帶著那個年代才有的華貴與高雅，翩翩然予人一種花團錦簇的美麗意象。

百花，百花，繁華，繁華，回想文藝復興年代的佛羅倫斯，達文西曾在這裡，米開朗基羅曾在這裡，還有許多大師級的人物，如設計聖母院磚紅圓頂的布魯涅斯基也都到了這裡，為當時的佛羅倫斯開啟、注入了燦爛的榮光。百花，百花，繁華，繁華，作為佛羅倫斯地標的百花聖母院，讓人直覺聯想起那一場在這裡繁華盛開的藝術花季。

懷著浪漫綺想，我來到了百花聖母院，聽說教堂裡有一條階梯直通圓頂陽台，可俯瞰整個市區美景，但，想接近它可要先經過五百級階梯的考驗呢！

我的前面有幾個人砰砰砰地先上了樓，跟隨其後，我的腳步聲在寂靜的階梯上也開始響了起來。

幽暗的梯道裡飄著塵埃的氣味、人們吐氣的輕響，還有一些聽來像是「怎麼還沒到」的絮絮叨唸。然後，就在你覺得呼吸急促雙腿發軟撐不下去時，一束明亮的天光突然扎進了你的眼裡，於是你知道，離圓頂真的不遠了。

上了圓頂陽台，我不自覺地長嘆一叫，從高高的上空望去，城裡最熱鬧的幾條街道，被密實連綿的玫瑰紅屋瓦夾成了一道道筆直的細縫，老房子的屋頂在陽光下散著優雅的氣息。

繞到陽台的另一頭又是一番不同的景象，從喬托塔開始，然後看見了維琪歐宮，再將目光放寬放遠，好像連遠方的米開朗基羅小丘也都收進了眼裡。

那天，站在百花聖母院圓頂上的我，這樣想著，這個城的美真是挖掘不完，優雅、浪漫、古典、繁華，都可以用來形容它。假如有一天，你來到了聖母院，站上它的圓頂陽台，相信你一定也會和我一樣，感到佛羅倫斯不同的動人美麗。

石紋紙

有一回和朋友S聊天，剛從佛羅倫斯旅遊歸來的她，滿腦子盡是佛羅倫斯的旅途回憶，「那個八角型的Duomo不停在我的腦袋裡轉呀轉，那些烏菲茲的畫及老橋也濃得一直散不開來，還有，」S的雙眼突然像打了強光般地發亮，提高語調興奮地說：「我在那裡買了好多純手工的紙製品，每一款都精緻漂亮得要人受不了！」一聽她提起佛羅倫斯的紙製品，我的興奮指數也跟著飆高，因為那裡的紙製品也曾讓我心動迷戀過。

曾經，佛羅倫斯在麥第奇家族的全盛時期，吸引了無數的藝術家及工藝職人為其服務，從建築繪畫雕刻到紡織皮革金飾製紙等，皆蓬勃發展成百花齊放的盛景，其中，聞名至今的紙製品，因質感好，設計佳，再加上特殊的大理石紋路，一直是一種受人注意及喜愛的工藝品。

我還記得那一年我在佛羅倫斯，從旅店散步出門，常會經過靠近老橋附近的一家文具店，那是一間店面不大的小舖，推開門，滿室的紙製品在我眼前鋪陳開來，形成一個古典精緻的紙世界，好像一下子回到了用鵝毛筆沾墨水寫字的年代。

細看那些石紋紙，有的被製成有手工繪圖的明信片或書籤，有的被裁成信封信紙，上面印了古老的花字體，一套套像精品似的裝在紙盒子裡，還有許多套著軟羊皮，看上去隆重而典雅的相簿或筆記本被放在店中央，相當搶眼，讓人忍不住想擁有，用它來保存、記下日子裡的美好記憶。

老橋附近的那家店引起了我對佛羅倫斯紙製品的好奇，後來，陸陸續續地，在百花教堂、繁榮的購物街或是一些隨意經過的老街上，我又發現了一些紙品店，傳統中又帶有創新的設計與趣味，為佛羅倫斯的石紋紙藝術增添了不同的風味。逛著逛著，心動的我，結局就像S一樣，受不了地東一點西一點買了起來，雖然最後荷包失血不少，但內心卻歡喜滿足極了。

Ribollita

自佛羅倫斯旅行歸來，當地一道名為Ribollita的鄉土菜一直縈迴在我心中。

Ribollita是一種類似麵包湯的料理，原意為「再煮沸一次」；二次煮沸後將更能增添湯的濃稠度與味道。據說，Ribollita原為托斯卡尼農民的傳統食物，在過去物資缺乏的年代，貧窮的農民捨不得丟棄變得乾硬無法入口的麵包，於是想出了一個方法：將剩餘的乾麵包與橄欖油、馬鈴薯、洋蔥、胡蘿蔔等蔬菜一同熬煮成濃湯，不僅達到不浪費食物的美意，蔬菜湯更因加入了麵包提高了營養成份，成為需要長期勞動的農民補充體力的來源之一，尤其是在寒冷的冬季來一盤，馬上就能溫熱冰冷的手足。

還記得那湯的味道，清香素樸，就像親切的家常菜，有一種「媽媽的味道」。

回憶兒時，母親也曾做過類似這種麵包湯的料理呢。我記得，那也是物資缺乏的年代，不如現在有許多琳瑯滿目的進口食品。為了增添餐桌上食物的變化，母親常於做菜時加入巧思，帶給我們許多意外的驚喜；「翡翠饅頭湯」便是母親自創的一道創意菜。記得她做那道湯時，是在蝦米紅蔥頭爆香的鍋底中加水後，投入綠如翡翠的切碎菜葉，再加進捨不得丟掉的乾硬的饅頭切塊，用大火燉煮。煮開後香味四溢，我們幾個小蘿蔔頭往往圍著母親饞得口水都要流出來！

如今，離家很遠的我，時常會想起母親的拿手料理，那不斷出現在腦海裡的滿桌菜餚中，總有香噴噴的「翡翠饅頭湯」。偶爾，我會憑著母親傳授的技巧，學著做做看，也許是母女連心吧，母親當年的心情，似乎就在這切切洗洗、起鍋燉煮的過程中，悄悄傳到了我心中，讓我體悟到勤儉持家、珍惜物資的寶貴道理。

帕尼尼三明治

這幾年，只要憶起義大利的美食，帕尼尼三明治總是令我津津樂道的其中之一。

老實說，帕尼尼三明治實在是相當簡單平凡的；其做法是將一種喚作帕尼尼的義式傳統麵包對切開來，兩片麵包中間夾上蕃茄、芝士、火腿等餡料，嘗過它的人可能會覺得這麼普通的食物怎能上得了美食的檯面？但我對它就是情有獨鍾，每回有機會重遊義大利，下機後一定都會先買一份來嘗，解解對它的思念之情。

帕尼尼三明治給我的最初記憶，是在佛羅倫斯百花大教堂附近的一家麵包店，當時，我站在點餐檯前，迷惑地望著透明玻璃櫃內，口味有數十種以上的帕尼尼三明治，猶豫到底該買哪一種。後來，跟隨人氣指數點了馬扎瑞拉芝士口味的，只見店員將餡料塞得飽滿鼓漲的三明治用類似鬆餅機的電熱器一夾，過了一會兒才取出遞給我。

彷彿施了味覺的魔法，加熱後的帕尼尼三明治，滋味竟會如此動人；清新多汁的蕃茄片巧妙地平衡了芝士的濃郁多膩，烤得微酥微脆的麵包皮搭配又香又軟的內餡咀嚼起來，口感美妙得馬上在我的味覺經驗裡留下了深刻的印象。

帕尼尼三明治之所以讓我留戀的另一個原因，在於享用時的輕鬆自在；當肚子餓了或嘴饞想吃東西時，買一份來嚼，只要少許花費就能享有美味與飽足，如此價廉物美，怎能叫人不動心呢！

「布拉格」

置身這方斗室，我不禁想像，
當年卡夫卡是否藉由源源不斷的書寫，
排解苦悶情緒，
溫暖他眼中這個冰冷世界？

Prague

金色的階梯

在我心裡，一直有一道金色的階梯。

我常把人生的過程，想像成如同爬階梯一般，爬階梯的過程是辛苦的，是體力與耐力的雙重考驗。向來很佩服那些一口氣可以爬上三、四百階的人，我常想：對他們而言，登上頂端，其實並非最重要的目的；最重要的目的應該是，爬階的過程中，幾度想要放棄，卻又重拾信念、勇氣，繼續下去的決心與堅持！

還記得那一年，隻身前往布拉格的那一個夏天，單身旅行雖然有冒險犯難的刺激感，但孤獨落寞之情也是難以忍受的。因為強烈的自我否定，連帶引發焦慮、沮喪、怯懦、逃避等負面情緒，讓我像一具失去方向的遊魂，飄蕩在古城的大小巷弄間。

記得自己曾佇立舊城廣場鐘塔下，抬頭仰望站立塔頂的遊人，心裡突然湧起一股也想站在高處往下望的渴念。於是，我也開始爬階。憑著那股渴念及「別人能，我為什麼不能」的信念，我竟然爬過四百多級階梯，也站在鐘塔的頂端了。美景盡收眼底的舒暢感自是不可言喻；更讓我體會到不輕言放棄、不看輕自己的珍貴價值。

生命，有起伏、轉折，是必然，也是不可預期的；生命有趣之處也在於此。通過這些起伏與轉折，柳暗花明又一村，希望等在那兒，像金色階梯頂端的明亮燈光，引領你拾級向前。

胡思廣場

記憶中，那個廣場位於古城中心，沿著光潔的石砌小徑緩步向前，拐過舊的市政大樓，看見尖塔高聳的教堂，就到了那個狀如六角型的廣場了。

廣場中央有個圓弧型的台階，台階上立著一座青銅雕塑，許多青春快活的男孩女孩們就率性地圍坐在台階上，沒有等人也沒有人等似的，有的滿足地張口舔著冰淇淋，有的看書，有的伸長了腿晒著太陽，有的只是懶懶的坐著，將目光投向遠遠的藍天。

我挑了台階上的一個空隙坐下來，卸下肩上的背包，也放鬆地伸伸腿，再換個輕鬆的姿勢，什麼也不做，只想好好地發發呆。

咕嚕咕嚕叫的鴿子在我身邊走來走去，一些關於過去的、年輕的、自由的或流浪的心情也在我的心中飄揚盪漾。那時，不刻意去想，卻常自然想起許多往事的細節，或是一些記憶中的苦澀酸甜，傷心難過時，就盡興流流淚吧，反正四周都是互不相識的陌生人，快樂高興時，一個人傻傻笑著也不覺得有所謂。

走進那個有胡思雕像的廣場，是多年前，我一個人到布拉格旅行的往事了。當

時，我在城裡沒有朋友，雖然孤單卻不害怕。

那時，彷彿著了魔似的，每天，我都要到有胡思雕像的廣場坐一坐，發會兒呆，好像把廣場當成了我在布拉格的一個親切的老朋友，對著它，吐露自己心底最真實的心情。

卡夫卡住在二十二號

三三兩兩的旅人在我前面走著，領我拐進布拉格城堡內的黃金小巷。

那是一條讓人眼睛發亮的磚道長巷，一間間漆成淡黃、淺藍或土紅色的矮屋緊緊貼靠著，好像童話故事裡小矮人住的房子，蜷伏在宮牆下。相傳，過去這條小巷裡開的都是鍊金店，所以名之黃金小巷，如今，那些曾在此煉金的術士早就不知去向了，取而代之的是供遊人休憩的咖啡館或是販賣旅遊紀念品的小店。

那一排童趣可愛的矮屋中，最吸引人的便是牆上寫著「二十二號」的一間淺藍小屋了，那裡，曾是卡夫卡住過的地方，只要來到這裡的旅人，都會忍不住想走進去看看。

二十二號那間矮屋真的好小，低而窄的空間裡陳列著與卡夫卡相關的圖片或書籍。我在他的一張照片前駐足，鏡框內的卡夫卡，蓄著短髮，有一對突出的招風耳，剛烈的兩道濃眉下，有一對警醒而不安的雙眸，讓人一下子感覺到了囚在他體內的焦慮靈魂。

置身在這小小的斗室，我不禁開始想像，當年卡夫卡在這裡寫作的情景，那時，體弱而身染肺病的卡夫卡，是否每天都要於下班後，從他任職的保險公司，咳呀咳地，走一段長長的路到這間屋子，依偎牆上開著的那扇小窗，寫他的小說或是寫信給他的情人？藉由源源不斷的書寫，排解苦悶情緒，溫暖他眼中的這個冰冷世界？

卡夫卡咖啡館

那是一家不大的咖啡館，開在布拉格迪恩教堂附近，五月天，布拉格的氣候動不動就飄起了雨，圍著教堂的老房子在濕涼的空氣中顯得有點感傷，濕漉漉地看似老淚縱橫。匆匆踩過石板路上的幾個水窪，我東張西望著，想找處躲雨歇腳的地方，就這樣，發現了那家名叫卡夫卡的咖啡館。

推門進去，以黑白為主調鋪陳的室內簡潔而沉靜，一下子讓人嗅出了淡雅的人文氣息。我向侍者點了杯咖啡，然後挑個靠窗的背椅坐下來。

咖啡館的牆面掛著與卡夫卡有關的圖片，從它的名字及格調來看難免讓人猜想：多年多年以前，年輕而尚未成名的作家卡夫卡是否常在此進出？是否常在這裡倚一只圓桌而坐，認真地書寫或思考關於人生的嚴肅課題？

我問為我端來咖啡的侍者，這間咖啡館與卡夫卡有關嗎？只見他微微地點頭，嘴角向上驕傲的說，不僅是這裡，整個布拉格都與卡夫卡密不可分呢！

他的話，不禁讓我憶起卡夫卡的友人烏茲地曾說的「布拉格即卡夫卡，卡夫卡即布拉格，布拉格在卡夫卡的作品中俯拾皆是」這句話。

那是我在城裡認識的第一家咖啡館，也是我最喜愛的，那裡，有一種清淡若煙的追憶氛圍是我依戀的，我常到那兒靜靜地坐一會兒，想點心事，或是翻閱卡夫卡的書，從他的文字中，捕捉布拉格的影像。

那魯多瓦老街

四處走著，來到了古城裡的那魯多瓦老街。從半掩的長型木窗裡，隱隱傳來了鋼琴的樂音聲，「是莫札特的小步舞曲呢！」我心裡想，聽著聽著，腳步竟不知不覺地輕快了起來。

那魯多瓦是布拉格著名的一條街道，擁有完整優美的巴洛克建築體，常吸引許多古建築的愛好者到此一遊，其中，最引人好奇的，就是那些老房子上的雕飾了。若仔細觀察那些老房子，就會發現，它的立面上常有許多精緻有趣的立體圖案。在中世紀的布拉格，這些圖案的功能就如同現代的門牌號碼般，讓人得以辨識。

我的雙眼掠過了那些雕在牆上或安在牆裡的浮雕，腦海中禁不住泛起了連篇浮想，想像好久

好久之前，那棟雕有「三把小提琴」的屋子裡，住得可是一位音樂家？那棟門眉上飾有一把「金鑰匙」的屋主，會是個鎖匠嗎？再往前看，牆上畫著一只「酒杯」的那棟房子，當年，又會是什麼？會不會是供人飲酒作樂的小酒館呢？

就這樣，我在那魯多瓦小街上踱步流連，看不膩似的將老街的風采一一收進了心底。午後的陽光淡淡地灑滿了整條街道，那些老舊的木門、黃色的牆、白色的大理石柱與彩雕，全都浸染了淡蜜色的柔光，一個人在這樣的一條老街上散步，感覺就像脫離了現實般，恍恍惚惚地，彷彿踩進了一個邈遠的時光空間！

冷雨中，一扇敞開的門

一個壞天氣的下午，雲壓得很低，綿密的雨，很快到了那魯多瓦老街，天色暗了下來，把人們往家裡趕去。

天氣變得好冷，空氣中隱然有一股雪的氣息，街上的老房子一下子暗了下來，緊緊關著大門，遠遠地看上去，只剩下模糊的輪廓。

一個人孤零零地走在這樣的異鄉街頭，淋著雨，沒有一個可以依靠取暖的肩，老實說，是相當感傷的，快步走過老街上緊閉的房舍，我東張西望著，想找一處可以躲雨取暖的地方。長而斜的坡道上，我看到了一扇敞開的木門，門裡透出的鵝黃色暖光，在這樣的陰雨天裡，顯得多麼明亮。

走近那道溫暖的光，兩扇深褐色門板上畫著一對有趣的臉譜，右邊寫著我不懂的捷克文，左邊再用英文加註著「TEA ROOM」，哦，是間小茶館呢！探頭一望，素樸的室內飄著鬆散的輕音樂，兩三個先我而到的旅人坐在裡面，神情從容而優閒，絲毫不受壞天氣影響似的。

我挑了一個位子坐下來，喝一口熱呼呼的茶讓身心暖起來，冷雨中敞開大門的這間小茶館，就像個體貼而適時出現的避護所，為我帶來溫暖，我想，既來之則安之，何不收起低落的情緒，學學茶館裡的其他旅人輕鬆看待突來的這場雨？

於是，飲了一壺熱茶後，我起身，抬起頭，再度投身冷雨未歇的街道，繼續未完的旅程。

維希哈德墓園

在與布拉格道別前的那天下午，我搭著搖晃的電車來到了維希哈德墓園。

維希哈德墓園靜靜地斜倚著莫爾道河，挺拔的綠樹一圈又一圈繞圍著它蔚成一片蔥蘢的綠蔭，綠蔭下，一列列的大理石碑整齊緊挨在青草地上，許多捷克知名的人物便長眠在那一方方的石碑下。

走進墓園裡，比我先來的旅人三三兩兩地散落在園內各處，他們的臉上都掛著深思的表情，有的低著頭，有的微微曲著腰，有的還閉上了眼睛，在沾了灰或青藤纏繞的石碑前踱步、停留，陷入虔靜的追憶中。

我的眼睛掠過那些碑石，邊走邊讀刻在碑上的文字，依稀認出了，畫家穆夏的墓就在一尊天使的雕像旁，而音樂大師德弗扎克的墓就在繪著彩顏的拱頂下，那史麥塔納

呢？那捷克民族音樂的先驅，《莫爾道河》的作曲者，他的墓石會在那裡？找著找著，終於發現了它，被一株茂密的柏樹守護著。

恍惚地心頭飄過了一陣音符的旋律，我在史麥塔墓前，不由得想起了他譜寫的《莫爾道河》；那纏綿的笛與悠昂的琴交織出的流水印象。

我把在老城的最後一個下午留給了維希哈德，在黃昏的陽光裡認出了我熟悉的長眠在此的名人，轉了一圈後走出來往對面看，莫爾道河就在不遠處閃著流動的光，那姿態如此動人，就像史麥塔納用樂音描述的一樣。

教堂裡的詠嘆調

在布拉格停留的那段期間，我和樂音有了一回難忘的邂逅。

時逢布拉格音樂祭，城裡的教堂、劇院、表演廳，天天上演著歌劇及音樂會，廣場或巷道也不時有即興演奏，音樂為這個老城增添了浪漫、優雅，更為它激盪出一點年輕的熱情與活力。

我在市府的遊客中心拿了一張節目表，決定好自己想看的表演後便買了票；是一場長笛與女聲的小型演唱會，地點在瑪拉史坦那的聖尼古拉教堂。

走進教堂後，我在聽眾席間坐下來，環視四周發現，聖尼古拉教堂裡有著美麗的巴洛克裝飾，繪有聖經故事的祭壇拱頂高高地弓著，金色燦爛非常耀眼。據說，當年莫札特居住在布拉格時，曾在此演奏過教堂的管風琴，當他逝於維也納時，這裡還曾聚集了四千多人為之悼念。

當一連串圓潤的長笛聲響起時，所有的聽眾皆紛紛抬眼朝吹奏者望去。長笛的聲音為什麼總是那麼優美動人呢？聽著那輕柔的笛緩緩流瀉出「聖母頌」的祥和旋律，感覺到自己蒙塵的一顆心就像被人輕輕地捧起來擦拭過似的，好像又有了孩子一樣的純淨。

而整個演唱會的高潮就是那女高音的抒情詠嘆了，也是一曲聖母的歌詠，明亮飽滿的歌聲先是響徹教堂，再高高地往祭壇升去，又溫柔的撒落下來，聽起來就像從天堂撒下來的聲音，那樣聖潔感人。

那是我第一次在教堂聆聽詠嘆調，記得那時的我驚嘆地直想，這世間怎麼會有那麼美的聲音呢？怎麼會有聲音能讓人聽了覺得就像置身天堂裡！

一個美麗的漩渦

來布拉格的旅人，百分之九十九都會惦念著，一定要去看看查理士老橋。

查理士老橋的年齡可真是老，算一算，已近千歲的高齡呢！它的前身是一座築於十二世紀，名叫茱蒂特的木橋，因為一場突來的洪水，沖毀了茱蒂特，國王查理四世於是授命建築師帕勒改建以砂岩鋪設的查理士橋。相傳，當初造橋時為了使石橋更加堅固，石匠們必須準備蛋黃滲入灰漿中，於是，就有了一則有趣的傳說：查理士橋的興建讓整個波希米亞動起來了，來自全國各個城鎮的蛋全都集中到了布拉格，一時之間，整個布拉格充滿了蛋車川流、人們為蛋奔走的忙碌景象。

如果那則傳說是真的，一座堅固悠久的老橋竟

與脆弱的雞蛋息息相關，那，實在令人超乎意想呢！來到布拉格的第一天下午，長途搭機加上天候不佳讓我覺得疲累，但已經與查理士橋離得那麼近了，怎麼可能忍住，不去看看它的風采呢。

爬上舊城橋塔，距離橋面四十公尺高，俯看查理士橋，誰都會驚豔地屏住呼吸。遠方，小丘上的布拉格城堡與聖維特教堂，雄偉而尖聳，城堡下瑪拉史坦那城區的老房子，或華麗，或簡約，它們在我眼前跌宕有致，連綿交錯著，呈現的景象就像一首遼闊的建築協奏。

再將焦點調回近處，橋的兩側源自聖經人物的雕像，或高或低，姿態各異，富有韻律地彼此呼應著，左右各十五座，一路伸向橋的彼方，那陣仗，好像把橋變成演練聖經故事的舞台，蕩氣迴腸的氣勢令人動容。

儘管從橋塔看下去，橋面有點模糊難辨，但這樣帶點距離的方式觀看查理士橋，卻是我非常喜歡的。隱隱欲來的瀟瀟寒雨依然不減它的驕人風采，美麗的建築群，來往的人流，以及即興音樂演奏，全都匯聚到了這裡。

高高在上看下去，查理士橋就像一個美麗的漩渦般，渦漩著人流，以及動人的音符與色彩。

淘舊樂

因為好奇，我走進了那間小舖，小舖位於瑪拉史坦那城區的小巷裡。

布拉格老城的小巷，總蘊藏著迷人風情，巷子裡，有時密布著手工藝坊；叮叮噹噹又鏗鏗的敲打聲常牢牢吸住了旅人的腳步。有時，開滿一間間大大小小的畫廊、古書攤或是舊貨店，看起來雖不精美，卻有一種含蓄古樸的雅緻。發現那間小舖也是因為它古意的門面，沒有太多的裝飾，只一面黃銅打造的店招，粗礫礫地懸在斑駁的光影中。

推開結實的木頭門，門好重，感覺出那是上好的木頭，門上的黃銅把手有細細的鑄鐵花紋，用了好久了還絲紋不亂。踏進屋子裡，原來是個呵護得很好的舊貨舖，老祖母

▲翻拍自印刷品

時代的留聲機、電話、化妝鏡，手工刺繡的古董蕾絲衣或手帕，上個世紀初流行的項鍊飾品，還有許多我只在電影裡看過的古歐洲桌椅及繪畫，東西多到說不完。

置身在這樣的空間，就像看見了一個精緻典雅卻已然消逝的老歐洲，不管是黃銅、絲綢還是木質，每一物件都有它獨特的魅力，呈現出時光沉澱的溫潤之美，看得我一下子漲滿了滿腔的懷舊情緒。

那是我在城裡發現的第一間舊貨舖，之後，上癮似的，沒事就愛鑽進巷子裡，尋找有趣的舊貨舖或古董店，滿足自己對老歐洲的幻想。

我在城裡的舊貨舖買了一面新藝術風格的黃銅鏡，鏡子的把手有花紋，旖旎浪漫的捲曲著，非常古典。我又選了一套有點瑕疵的杯盤湯匙和帶點鏽斑的小燭台，它們讓我感受到舊時代留下來的點點滴滴生活氣息。還有石版畫，它也是我淘舊的樂趣之一，我挑了幾張以舊城廣場和聖尼古拉教堂為背景的石版畫留念。因歲月而泛黃的紙張上，或黑白，或彩色，印製著花鳥、人物或風景，畫得都是舊時代的風情。

對迷戀老歐洲的我來說，畢竟那是一個再也無法回復的年代，但擁有它們，就像得到了一點安慰似的，稍稍慰藉了我對老歐洲的嚮往之心。

曲線的誘惑

每個動人的城市，都有屬於它自己的，且受人津津樂道的話題。

在布拉格這個動人的城市，要找話題，從來不是問題，從人們最感興趣的文學、戲劇開始，然後到音樂、建築，布拉格在人們眼中總是一個充滿話題的城市。

提到建築，那一直是布拉格最愛示人且充滿光榮魅力的一面。對建築藝術算是個門外漢的我，是到了這裡才對建築史有了初步的認識，將建築史上常出現的建築藝術，一次看個足夠，也看出了興趣。

以迪恩教堂為中心的舊城區，是最能展現布拉格建築風貌的核心，漫

步其中，古老的迪恩教堂頂著高聳的哥德式尖頂，彷彿就要刺入雲霄，看起來有種來自遙遠時空的奇異氛圍。與教堂相鄰的建築群，就像活生生的歷史教材，帶著真正遠古的歐洲風情，幾經滄桑而不毀，讓它們成了倖存下來的精華，不論是文藝復興還是巴洛克風格，雖然陳舊卻別有一番動人韻味。

那時，每當自己經過它們的面前時，總不由得想停留駐足，抬頭看看那些老房子身上從前的雕飾與線條，還有它們栩栩如生的輪廓面容，不知怎地，總感覺到它們的每個地方都強烈地帶著自己的意志或氣息，彷彿想要開口，向人訴說或嘆息。

還有還有，怎能忘了新藝術建築呢，那可是與布拉格息息相關而後席捲至巴黎的一種新潮流建築。走在布拉格老城裡，把自己想像成一名建築偵探，常會發現許多新藝術風格的房子，盯著它們的建築立面仔細瞧，是我覺得十分有趣的一件事，一棟新藝術風格的房子在窗框、門把、陽台等細部上常飾有長春藤或水草等有趣的植物花紋或圖騰，它們彎彎曲曲的，有的交合纏繞，有的狀似搖動，看起來就像有機的曲線，含著生命力。

看見那樣的曲線，總讓我著迷，著迷於它們的活力，裝飾在房子上，房子因它們而加倍亮麗起來。

「巴塞隆納」

Barcelona

聖喬瑟夫在巴塞隆納是非常熱鬧活躍的，
這裡簡直就是收攬了全世界各個角落的食物精華，
以供巴塞隆納人的胃。

未完的樂章

沒有高第，巴塞隆納將失掉一半光彩。

那年，第一次來到巴塞隆納，隨車接近鬧區途中，一棟雄偉的建築物露出了好幾座如樹的尖塔，看起來酷似玉米筍，一座座高聳直立，見到了它才讓我感覺到，自己真正來到了巴塞隆納。

如果，將建築比喻成寫在城市地表的樂章，那麼，高第這位巴塞隆納的建築怪傑，他的建築作品，那頂著高聳玉米尖塔的聖家堂，就是巴塞隆納最動人的樂章。

初見聖家堂，我著實嚇了一跳；世界上怎麼會有這麼戲劇性的建築，先是那幾座醒目的玉米塔，外型充滿創意與想像力，自地表高高地向空中拔伸，好像在你眼前立著好幾個巨大的驚嘆號。再細看它的門窗雕飾，有的看似洞窟，綴著蛇、羊齒葉或彎曲的人體，景象詭異地宛如地獄。有的運用了奇特的植物，累累疊疊交相纏繞在一起，彷彿向人暗示著新生、再生的強烈生命力。

充滿戲劇性外觀的聖家堂，它的身世其實也很戲劇。一八八二年，高第在年紀輕輕的三十歲開始建造聖家堂，造了四十四年才完成了它的立面部分。一九二六那年高第七十四歲了，在一次過馬路的途中不幸被電車撞死。

巴塞隆納畢竟是個大氣而包容力強的城市，才能讓聖家堂並未因高第的意外喪生而停擺，由他的學生接手繼續打造，如今又過了七十多年。而已經蓋了一百多年的聖家堂究竟何時才能完工呢？有人說至少要二十年，有人說可能還要超過五十年。

日本建築師安藤忠雄曾寫到：「建築在完成了七成左右的階段是最有意思的時候，那當中含有一份粗獷而狂放的生命力。」那時，我站在聖家堂的腳下仰望它，雖未完成，但那逼人的氣勢與狂野的張力，就像安藤所言，讓人不自禁感到有股旺盛的生命力潛藏在它的體內深處，隨時就要爆發出來。

我想，就是這股旺盛的生命力才讓聖家堂顯得分外動人吧。

一條逛不厭的大街

那條大街真是有趣，一逛、再逛也不厭煩。

它是巴塞隆納最耀眼的一條大街，人們喚它叫蘭布朗。市中心的加泰隆尼亞廣場與

港口中心的哥倫布塔連結在它的頭尾兩端，一條街有本事一口氣接上了兩個中心，單憑它的地理位置就能推估它在巴塞隆納的重要性。

據說，蘭布朗的拉丁文意思是流水的痕跡，也就是說，這條街在過去是供應巴塞隆納舊城的一條下水道。一條在城市裡供應日常用水的下水道果然很重要，當然，蘭布朗厲害的地方還不僅於此，時代變了，它的角色也跟著轉變，如今的它，化暗為明，由地下翻轉到地面，蛻變成一條花店、藝品、表演與美食匯集的歡樂大街。

蘭布朗大街東段直通地中海，海邊廣場立著一柱醒目高塔，直入雲霄。如果仔細看你會發現，雲霄深處有尊立像，以一副統帥之姿、氣定神閒地注視著地中海的浩瀚藍波，他就是發現新大陸的航海家哥倫布，有他鎮在那裡，東段的蘭布朗因而有一種開闊的大氣魄。

離開哥倫布塔往大街中心走，氣氛就不一樣了，愈來愈熱鬧，街頭畫家、即興表演、咖啡座、酒吧還有摩肩接踵的人潮，全都在這裡交匯，形成蘭布朗大街最高潮、最有趣的一段。

而我個人較為偏愛的蘭布朗是接近西側的那一段。白天，各式各樣的花店、鳥店、寵物店與雜貨攤聚集在那裡，絢麗的五顏六彩、逗人的小寵物和啁啾叫的悅耳鳥鳴，讓人覺得舒服，鬆開了緊張的神經。

當夜晚降臨時來到那裡，大多遊客與攤販都已散去，只剩下一些本地人閒閒地站著聊天，或是到花店看看花。夜間的蘭布朗花店，捻亮了鵝黃色的燈，暖暖地打在紅玫瑰、雛菊和天堂鳥上，白日色彩鮮明的花色因夜燈而染上了一層柔軟的迷濛，好像輕輕一觸花朵就要融化似的，讓人看了打從心裡憐惜。

那時的蘭布朗就像個嫻靜的淑女，柔情浪漫，誘人與它廝磨，捨不得離去。

巴塞隆納人的胃

這不是一個普通的市場，而是一個富裕城市的象徵。

你一定以為我說得誇張，一個城市富裕與否怎能以市場來評量？本來我也不太肯定這樣的想法，可隨著旅行異國的次數不斷增加，見識多了當地的市場（我一向將市場見學列入旅遊的重點項目），讓我愈來愈覺得，富裕的國家或城鎮，其市場往往也是相當精彩出色，好比巴塞隆納的聖喬瑟夫，就是一個這樣的市場。

聖喬瑟夫市場在巴塞隆納是非常熱鬧活躍的，便不便宜我不知道，但那裡的貨色保證新鮮，逛一逛那裡你大概就能知道，對吃也相當重視的巴塞隆納人，到底什麼樣的食材才能滿足他們的胃袋。

從Liceu地鐵站出來，走沒多久就能看見聖喬瑟夫市場。一踏入它的寬敞大門，馬上就可感到它逼人的華麗氣息；賣場從入口一路開闊地向四方伸展，明亮的燈光從高遙的天花板射下來，歐洲當地的蔬果、火腿、魚鮮，阿拉伯或非洲的香料、乾果，亞洲的食品雜貨，甚至還有長得極像來自台灣的愛文芒果，上山下海琳瑯滿目又是新鮮到貨，讓你覺得，這裡簡直就是收攬了全世界各個角落的食物精華，以供巴塞隆納人的胃。一路逛下來，看在眼裡，叫人又羨慕又嫉妒；好個富裕又幸福的城市呀，能消費、享有這麼多豐富的食物。

聖喬瑟夫市場裡有兩件事是最令我難忘的，一是它的蔬果排列方式，那些色澤鮮艷的甜橙檸檬或南瓜，彷彿經過精密的角度測量、重量推演後，一個疊一個，一排疊一排，不停往上加卻不會垮，在我看來，難度、技巧與耐力之高，簡直如同一門裝置藝術。

第二呢，是這裡的火腿種類，久仰西班牙火腿盛名已久的我，在聖喬瑟夫一口氣見識到了西班牙火腿的繁複多變，絢麗不凡。這裡，火腿就像一種平價味美的大眾食物吸引在地人排隊購買，讓我不禁猜想，巴塞隆納人胃裡的火腿可能大都來自聖喬瑟夫市場。

午後四點的小公園

順著陽光望過去，午後四點的小公園又漸漸開始熱鬧了。

我在巴塞隆納停留時住的旅店附近，剛好有個小公園，每天早上出門時公園相當冷清（西班牙城市裡的公園不像台灣，早上總有許多人在裡面打拳、散步、作體操），中

午我回旅店歇息時路過它，也不見人氣，可等到午後四點左右再出門（午後四點左右出門是為了配合西班牙人的作息，因為四點以後多數的店門才會打開），小公園就不一樣了。

午後四點的小公園之所以不同，全在氣氛；小公園好像一下子活潑起來了。城裡的大狗小狗跟著主人到這裡散步，開心地搖起了尾巴，老先生、老太太還有媽媽帶小孩也來到這裡，視它為社交場所站著、坐著聊天，爽脆俐落的西班牙語一波接著一波響在空氣裡。

而其中最令我好奇的是公園空地上的鐵球競賽，它的玩法相當簡單，好像就是比誰丟得遠。我曾經默默觀察了好幾次，發現玩鐵球的人好像都是年長的叔叔或老伯，這會不會是因為鐵球競賽太溫和、太簡單，不對青壯人的胃口？（那青壯人都做什麼運動呢？是不是都跑去踢足球？）

我很喜歡這個小公園，在這個緊張繁忙的都會裡，小公園是溫和輕鬆而帶著人情味的，在它的懷裡坐一會兒，什麼也不做、不想，只是讓自己的腦袋放空、再放空，你會發覺，這樣，也是旅途上的一種享受呢。

來碟TAPAS填填肚子

曾到西班牙旅遊的人一定都知道，那裡的工作時間是從早上十點到下午兩點、下午五點到晚間八點，所以連帶地用餐時間也延後許多，一般餐廳都是下午兩點、晚上八點後才營業，對不習慣這款步調的遊人來說，如果不在正餐前先來點什麼填填肚子，要撐到餐廳開門實在不易。

記得自己初旅該地時，確實因那慢了好幾拍的用餐步調發了幾頓牢騷，幾餐下來悟出了一門小訣竅；正餐前餓了，就學學當地人來碟TAPAS安撫一下胃腸吧。

所謂TAPAS，就是一種開胃菜，據說它源起於中世紀，本來是酒館裡一種蓋在杯子上的硬麵包，後來為了招徠顧客上門，演變成在麵包上擺些特別的小點，種類也因時代的演進而越來越多，菜色更隨地域的不同而跟著變化。

我還記得第一次到巴塞隆納的酒館點TAPAS的情景，長條狀的吧檯上一碟碟一列列的小盤子裡，高高低低堆疊著橄欖、乳酪、火腿、洋蔥、蛋餅、番茄，還有鹹酥花枝、冷燻鮭魚、醋醃章魚及一些我叫不出名字的。

那些花樣繽紛的小菜嘗起來真叫人心花怒放呢！比如醋醃章魚，清新的酸融入了鮮甜的章魚肉，嚼起來Q的彈牙，而厚切的三角型蛋餅更是深得我心，攪拌著洋芋一齊烘成，金黃飽滿的一片份量恰好替肚子墊墊底。

那回的經驗告訴我，在西班牙要吃的巧又剛剛好，找TAPAS準沒錯的。

帕艾利亞海鮮飯

到異國旅行，有的時候偶爾會遇到一些做法或味道類似家鄉菜的料理，往往讓旅人在品嘗之際得以飄然回到家鄉，或是忽地憶起某段陳年往事。

我還記得，自己第一次到西班牙旅行時，在巴塞隆納一家專賣鄉土料理的老店，嘗到帕艾利亞（Pealla）海鮮飯的經驗。

所謂帕艾利亞，原是一種烹調海鮮飯時不可或缺的鍋具；鍋子大而平，鍋邊有兩個作為鍋把的大環扣。有西班牙國菜之稱的帕艾利亞，源於東部濱海的瓦倫西亞省，因盛產稻米又魚鮮充裕，該地居民於是巧妙地將兩種食材結合，烹調成美味的海鮮飯料理。

久聞帕艾利亞盛名的我，懷著興奮的心情，舀了一匙熱騰騰的飯入口，嗯，真是好吃地難以形容，粒粒清楚的米飯吸飽了濃郁的海鮮湯汁，口感嚼感俱皆香Q襲人。嘗著嘗著，突然，一種久違的熟悉感湧現在心頭，這味道，嗯，多像母親常做的大鍋燉飯，也是將魚蝦、肉類混合著生米入鍋，大火煮開後再用文火慢燉而成，滋味之美，與帕艾利亞可難分軒輊呢！

後來，我旅行到瓦倫西亞，於當地露天市場目睹了一場帕艾利亞烹飪秀。

真是令人印象深刻呢！只見一只如圓桌般的超大扁圓型鐵鍋被架在旺盛的柴火上，一名揮汗如雨的大廚忙碌地將雞肉、魚蝦、貝類層次分明地鋪在生米上，氤氳四溢的香氣吸引了越來越多的人，大家在鐵鍋邊漸漸聚成了圓圈，引頸企盼那鍋中的鮮美滋味。

那時，我站在等待的人群中，又忽地想起，這樣的場景，多像以前學生時期，同班結伴到戶外露營或郊遊、野炊的情景。那時，十幾個人圍著營火煮一鍋加了雞肉蔬菜的大鍋飯，搭配啤酒或可樂，席地而坐說說笑笑地吃得津津有味，說真的，那樣洋溢著粗豪氣的一頓飯，暢快而灑脫，對我來說也是一種深刻難忘的美食經驗呢！

「都伯林」Dublin

滿室的笑語人聲，
讓我想起「每一個在都伯林的人都能找到一間讓自己喜愛的酒館」的這句話。

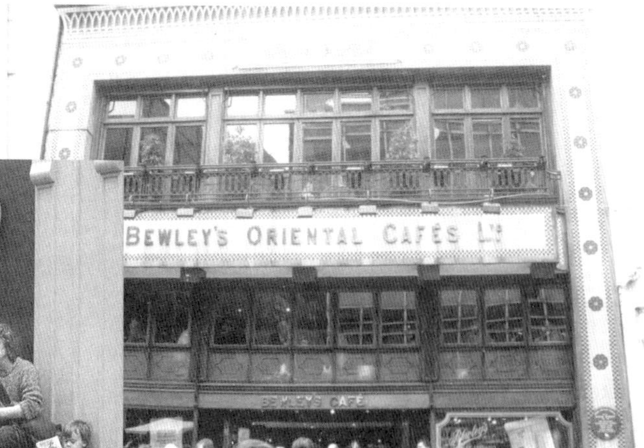

健力士之夜

有一年，我到愛爾蘭旅行。

從機場到都柏林市區的路途上，隨處張貼著許多與健力士（Guinness）啤酒相關的海報或標語，色彩活潑而動感十足，一路瀏覽下來，竟讓初到此地的我，不由得感受到一股呼朋引伴、歡樂暢飲的熱鬧氛圍。

愛爾蘭人素以擅飲出名，而PUB，便是愛爾蘭人最愛消磨的地方；當夜幕低垂、路燈亮起時，大街小巷繽紛林立的PUB往往成了酒客或夜貓族的歡樂天堂。

酒量其實相當粗淺的我，來到都柏林這個酒館之都，也抑不住強烈好奇，於是說服自己鼓起酒膽，前往「神廟區」的酒館，見識見識愛爾蘭的酒館風情。

座無虛席的酒館裡，沸沸揚揚地充盈著人語及樂音，忙碌的侍者穿梭往返於餐桌吧台間，端出一杯又一杯的健力士啤酒。入境隨俗，我也點了一杯愛爾蘭人最鍾愛的健力

士來嘗。

愛爾蘭人愛不釋手的健力士啤酒，其研發者名叫亞瑟健力士（Arthur Guinness）。兩百多年前，亞瑟健力士在都伯林近郊的土地興建啤酒廠，從而調配出顏色深黑的一種黑啤酒，並以自己的名字命名之。

據說，含有獨門配方的健力士，彷彿帶有神奇魔法一般，會讓人一喝上癮，欲罷不能。

那時，飲了一杯健力士，本該棄械投降的我，宛如著了健力士的魔，竟又續了一杯，在笑聲琴聲飛揚的酒館裡，酒興大增，打算來個不醉不歸呢。

都伯林公爵

我推開「公爵」的墨綠色木門，找了一張臨窗的桌子坐下來，打算讓自己歇歇腿，填填餓空的肚囊。

有「酒館之都」之稱的都伯林，據說全市有八百家以上的酒館，這裡的酒館不但有好酒美食，還有即興的現場音樂演奏，許多初到都柏林的旅人，少有人能抗拒得了酒館的誘惑，不去一窺究竟的。

喚作「公爵」的這間酒館，是都柏林人心中的酒館之寶，濃烈的維多利亞情調，讓初見它的我，一進去就感受到一股舊時光的溫暖氣息，再喝一口公爵特製的巧達濃湯，濃湯熱熱地順著咽喉滑進胃中，全身馬上就鬆懈了下來，心情也隨之放鬆了起來。

溫情的裝飾與美味的濃湯之外，在公爵還有許多讓我忘不掉的；我記得，吧台後那蓄著金髮的酒保，他手腳俐落地轉開啤酒龍頭，嗤嗤嗤地注入一杯杯的黑色健力士端出，穿梭在座無虛席的酒館裡。坐在公爵裡的都柏林人，人人面前一杯健力士，彷彿彼此相識似的，興高采烈地打著手勢說著話，吱吱喳喳地講個不停，好像到了這裡飲了健力士，就能心懷大開，將心中的藩籬一一撤除下來。

「每一個在都柏林的人都能找到一間讓自己喜愛的酒館」，那一天，在公爵的我，浸潤在迴盪滿室的笑語人聲裡，突然想起了在書上看到的這句子，心中漲滿了對公爵的喜愛而開心笑了起來。

亞藍毛衣

在我的衣櫃裡，一直珍藏著一件亞藍毛衣。那是一件米白色的圓領套頭毛衣，標榜百分百純羊毛的好質感，摸起來觸感扎實，穿起來十分溫暖，足以抵禦十度以下的低溫。

被喚作亞藍的那件毛衣，是我初旅愛爾蘭時，送給自己的一件紀念品。我還記得那時愛爾蘭的都伯林，時序才轉進秋天不久，氣溫便驟降了下來，來自北方的寒氣凍得我直打哆嗦，心裡直想著一定要添件禦寒的衣物不可。

我在都伯林的克福頓街上尋找，沒多久就看到了那間毛衣專賣店，店裡掛著、疊著或隨意攤開展示的毛衣，在冰涼的天氣裡是多麼吸引人，誘得我旋即朝它而去。

「妳手上拿著的可不是普通的毛衣哦！」店裡服務的女孩走過來，這樣對我說：「它可是我們愛爾蘭最著名的產品，以完完全全純正的羊毛織成，我們稱它亞藍毛衣。」

「亞藍？是一種特殊的羊嗎？」服務的女孩看出我的不解，隨即補充說明：「所謂亞藍，是一個小島的名字，它離都伯林可遠了，在愛爾蘭的最西方，那裡的婦女擅長編織，織縫出一種厚實的純毛衣，好讓丈夫出海打漁時穿上以便保暖。」

「亞藍毛衣的最大特色，是它的織錦花樣，妳看！」服務的女孩隨手挑出幾件毛衣要我細看毛衣上的圖樣，一看，每件皆有不同，衣上的織錦，有的是簡潔的幾何圖形，有些看似沙攤上的貝殼，或是交纏的長條麻花捲，看起來樸實耐穿，有一種家常的親切味道。

我看了看，最後選了一件簡單稜形圖案的穿上它。那是我第一次穿上亞藍毛衣，它陪著我，度過都伯林惱人的冷氣團，溫熱了我的身。

它是一件我相當喜愛的白毛衣，扎實保暖不花俏，每回看見它，總讓我聯想起，一個溫柔的妻子，以它來呵護丈夫的溫暖情意。

史蒂芬公園

在我的印象中，愛爾蘭是個綠意盎然的國家。

我對愛爾蘭的綠色印象，從愛爾蘭航空機身上畫著的那朵綠色幸運草開始，然後，隨著飛機來到了愛爾蘭上空，往下看，映入眼簾的是一片大草原濕潤潤的綠。

再然後，開車來到了都伯林，走著看著，發現了更多更多的綠，比如，巴士標誌的蘋果綠、酒館的墨綠、銀行的藍綠、郵筒的芥菜綠，還有無數的店招、商品以及人們身上的衣飾，那些濃淡不同，深深淺淺的綠。

離開了熙來攘往的街道，轉入都伯林最大的史蒂芬公園後，放眼望去，近一公里半面積的公園裡，盡是蒼翠的樹、嫩綠的柳、整齊的草地，還有一大片波光粼粼的藍綠色湖水。

草綠、嫩綠、藍綠、蘋果綠、芥菜綠，在我的印象中，愛爾蘭的綠真是多，每一種都是那樣地特別，而其中，史蒂芬公園的綠是最叫人難以忘懷的。

那是一座讓人眼睛發亮、心情舒暢的綠公園，孩子們歡喜地在草皮上奔跑，大人悠閒地坐著曬太陽，綠蔭下池水畔很多很多的人在看書、散步，要不就是放鬆地打起盹來。那時，我坐在公園的草皮上舒服地伸長了腿，風從綠色的林間吹來，送來了宜人的草香，野鳥在垂柳間自在漂浮，眼前的一切是如此讓我著迷，感覺到自己只想待在陽光下的這片綠草地上，一點也不願離開。

KEOGH'S咖啡館

在都柏林老城的街上走著走著，常會不期然地發現一些咖啡館，漆著鵝黃翠綠或橘紅等亮眼的外表，看上去帶有幾分浪漫，幾分悠閒，十分吸引人，讓人經過時會忍不住想推開它的門，進去坐上一會兒，而KEOGH'S，就是一間這樣的咖啡館。

最先引起我注意的，是KEOGH'S的蜜黃光彩，那是一種旅行者很難抗拒的溫暖色調，走近後更發現到，KEOGH'S室內的米白色牆面上掛著滿滿整牆的黑白照片，每一張都是臉的特寫鏡頭，誘引著人推開門走進去，看看牆上掛著的那些臉。

咖啡香氣瀰漫的KEOGH'S裡，幾個學生模樣的青年端正地坐著，在小小的角落裡默默讀著桌上攤開的一本書。要了一杯咖啡後，我好奇地望向牆上掛著的那些臉。那些臉，有男有女，仔細一一看下來，竟認出了其中幾張，如神態自傲的王爾德、臉頰消瘦的喬依斯及蓄著落腮鬍子的蕭伯納，他們皆是上世紀誕生在都伯林的知名作家，此外，還有許多我不認識的臉孔，一個個帶著舊時代的風情，被端端正正的老鏡框框起來，看著看著，心裡竟泛起一陣淡淡的溫柔與感傷。

那是一間走進去，就讓人憶起舊時光的咖啡館，有溫暖的蜜黃色彩，香醇的咖啡，寧靜的氛圍，最特別的是鏡框裡的那些容顏，全都那麼栩栩如生，讓人覺得上個世紀初的都伯林人好像又再次重現在你的眼前。

王爾德家門前

在都伯林老城中心靠近瑪瑞恩廣場的一帶，常看見這樣的情景：背著背包、手拿地圖的旅人，三三兩兩的在廣場周邊的老房子流連徘徊，好奇張望。因為那些老房子可不是一般的老房子，愛爾蘭的民主鬥士歐康尼爾曾住在那裡的五十八號，詩人葉慈也曾在那裡的五十二及八十二號度過好幾年時光，而廣場西北方的一號，則是最具爭議性的都伯林文壇才子王爾德年輕時住過的地方。

一個陽光暖暖的午後，我從旅店出門，散步來到了瑪瑞恩廣場，想去看看王爾德曾經住過的地方。

向著廣場的王爾德故居，已被拍成了明信片，我一到廣場便認出來了，那老房子的大門前有一對旅人模樣的青年，正認真拿著一張明信片小心比對著，伸出手指點著一號的門牌，細碎唸著，像是在說，這就是王爾德住過的家啊，他曾在這裡寫作，發表，成名，用他的筆鋒、才氣，還有特立獨行的傲慢與言行，震驚當年的英美文壇。

「我過日子憑天分，寫文章靠本事！」「我沒什麼好告知的，除了我的天才！」那時站在一號門前的我，突然就憶起了王爾德說過的這些話，然後，很久以前曾經讀過的王爾德寫的童話，那一點也不快樂的王子、負傷的善良小夜鶯、自私的巨人，還有自己因那不甜蜜也不溫馨的故事而泛起的感傷，又在那個時候迴旋到了心頭。

唱醉旅人心

隱隱約約地從遠處傳來一陣樂音，樂音很美，讓人忍不住想聽，忍不住朝它而去。

轉了一個彎後，樂音聲漸漸清楚了，聽得出那是一支長笛的獨奏，笛音或短或長，高高低低，正宛轉吹出一段神秘古調。

那曲調吸引著我繼續向前，來到了克福頓街，發現一個小樂團正在街旁演奏著，特殊的旋律已引來許多圍觀的遊人。

▲ 翻拍自印刷品

等到我的腳步接近那個樂團時，長笛已退了場，換上手拍鼓，一陣陣鈴鈴咚咚的鈴鼓聲讓人聽著聽著，就想跟著輕輕搖擺。我努力墊起腳尖，終於看清楚了那個小樂團：原來正搖著響亮鈴鼓的是一位個頭嬌小的女孩，站在她身旁的青年則是剛才的長笛手。一陣鈴鈴咚咚之後，搖鈴鼓的女孩停了下來，開口說，她將為大家唱一首愛爾蘭歌謠，接著便唱了起來。

「到愛爾蘭聽音樂，是不需挑地方的，只要在哪裡聽到音樂聲，朝哪裡去就對了！」本來，我是不太相信旅遊導覽書寫的這句話的，可那一天，在都伯林的克福頓街上，偶然遇見了那樂團，似乎又印證了書上的話。

那是一個讓人忘不掉的街頭二人樂團，笛音悠柔，鈴鼓爽利，更動人的是女孩即興演唱的歌謠，她的聲音純淨，帶著愛爾蘭著名女歌手恩雅式的唱腔，輕輕在你的耳際迴旋，讓人沉醉，彷彿停在一片氤氳的氛圍中不能也不願離開！

伯爾麗的午茶

如今回想起來，伯爾麗的那一頓下午茶，可說是我的都伯林回憶中，最難忘的一段了。

位於克福頓街的伯爾麗，是都伯林最知名的一家咖啡館，已有百年的歷史了。最初引起我注意的是它極富東方情調的外觀，等到推門一望，裡面挑高的大廳十分寬敞，在裝潢上更巧妙地將色彩濃厚的東方雕飾與西方華麗的彩繪玻璃相結合，走進裡面就像置身在一座氣派豪華的殿堂裡。

本以為，這間華麗的咖啡館，消費應該不便宜吧？可進來後才發覺，這裡完全採用自助式服務，無疑地為館內增添了幾分平民化的輕鬆氛圍，再細心一看，糕點之外還供應各式愛爾蘭美食，可能有上百款吧，就這樣一款臨著一款從這頭羅列到那頭，看得人眼花撩亂、食指大動。

那鍋香味四溢的IRISH STEW幾乎是讓我一見便傾心了，從鍋中舀了一碗熱呼呼的燉湯之後，我又順手為自己添了一塊烤得蓬鬆蓬鬆的蘇打麵包，端著餐盤在點餐台間流連，我又拿了一碟燻鮭魚冷盤、包心菜沙拉、一片加了黑啤酒口味的健力士蛋糕，直到滿滿地擺滿了端盤才肯罷休。

「好像太貪吃了呢！」那一天下午在伯爾麗，我捧著撐得飽漲的肚皮，不好意思地心想。可抬眼觀察周遭的人，似乎也都和我一樣，禁不起誘惑，一盤接一盤地沉醉在那些平價又豐富的美味中。

「阿姆斯特丹」

Amsterdam

那日天氣那麼好，
藍天的雲是薄薄透光的那一種，
太陽溫和，風又輕輕吹，
沿著運河散散步，
才不致辜負這樣的好天氣。

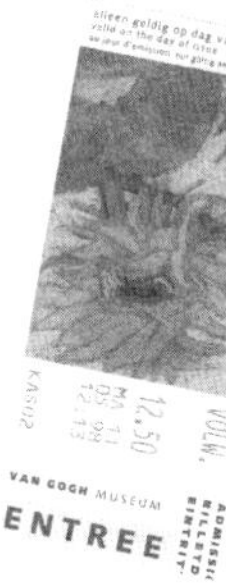

古椎的大塊頭

青翠的田野望之綿延無際，一道瓦藍色的小運河像一首清淺的歌吟，流過青青草地，河岸邊緣，高俏的風車迎風轉動，淺綠的大地因之而愈發潑俏起來。

沿著運河堤岸漫步，我的眼前不遠處，一大片遼闊的田野中，零星散佈著幾座高俏的大風車，還有幾間簡樸民舍。來到阿姆斯特丹的第一天，連行李都還沒放下，就迫不及待地先跑去離阿姆斯特丹不遠的桑達姆看風車。沒辦法，誰叫風車是荷蘭的經典象徵；跨洲飛行十多個鐘頭，看見這片綠野、運河、風車聚攏在一起，像明信片一樣的風景，才真正感覺到，荷蘭就在我的眼前。

迷你小村桑達姆有風車小村之稱，村內運河垂柳，石鋪小徑，磚造小屋，最醒目的是那幾座保存完好的古董風車，整個村子洋溢著一種溫潤典雅的中古風情。

第一次看見荷蘭的古風車，感覺比我想像的壯碩多了，威風凜凜的，好像站在它的面前一不小心，就會被那些轉動的大葉片吹到九霄雲外。也難怪，風車這個大塊頭在荷蘭從來就不是一種觀賞用的裝飾，相反的，它還一肩挑起許多艱辛的工作呢。

早從十三世紀以來，風車就是農家最得力的幫手，擔負起磨粉、榨油等瑣碎的工作，而隨著荷蘭與海爭地的企圖日益高漲，那些高壯的大塊頭又被付予抽水的新任務，簡直紅極一時。只是工業革命之後，蒸氣引擎動力取代了傳統風車的功能，原本遍佈荷蘭大小近一萬座的風車，就此走上了淘汰的命運，時至今日，僅剩大約九百座，它們零星點綴在荷蘭的大地上以為觀光之用；讓人得以從它們的身影想像過去的年代曾經發生的事。

我在桑達姆，望著那幾個挺立田野、碩果僅存的大塊頭，從辛勤工作的勞動者，到成了退休住進養老村的古董，它們暗褐色的身形依然結實高壯，雖然古老得有點笨拙，但看久了，卻別有一番木訥樸實的古椎之感，反倒更加引人懷想。

黑暗王子

阿姆斯特丹有兩個我一直忘不了的人，林布蘭與梵谷。

先說林布蘭吧。

那一年，林布蘭三十六歲，正是意氣風發，在繪畫舞台大放異彩的時候，受邀為當時的保安射手繪製肖像。林布蘭覺得一下子要將十六個保安射手安排在同一個畫面並非易事，於是想到一個解決辦法，就是依他們的身份地位設計一個突發場景。

我在阿姆斯特丹的國家美術館，總算在人頭濟濟的展覽室裡擠到了一個好位子，可以好好看一看荷蘭國寶林布蘭最知名的畫作，也是國家美術館的鎮館之寶「夜巡」。

十七世紀的荷蘭盛行一股肖像畫熱潮，當時描繪的肖像往往流於形式過於呆板，而林布蘭卻是一個勇於革新的畫家；他以獨特的明暗技法表現生動活潑的人物性格，極富戲劇性，在當時可是繪畫史上的一項創新。

即便是個對林布蘭未必摯愛的人，來到他的「夜巡」前，也很難不被它打動。

它被置放在美術館的特別陳列室裡，與其他畫作相較，三六三×四三七公分的震撼巨幅真是壓倒全場，氣魄十足。看著林布蘭的畫，明暗交互滲透的畫面激盪出一種昏暗的曚曨，讓人感覺就像回到了一六四〇年代的一個荷蘭深夜，值勤待命的十六個保警突然接到警報，有的猶自睡眼惺忪，有的慌慌張張，有的交相耳語，擦槍的、掌旗的、擊鼓的、最冷靜的是隊長，沉穩地站在前方指派任務，場面雖然混亂，卻生活化地表現出一種臨危受命的緊張感，就連當時在場的小女孩和小貓咪也感受到了異常，湊熱鬧似的混在準備出巡的隊伍裡，為畫面增添了小小的趣味，令人不覺莞爾。

那時，第一次看見「夜巡」的我心想，生動、平實，還有情節與趣味，彷彿身臨其境，讓人一下子就將一個十七世紀持槍待命的緊急之夜想像出來，這應該就是「夜巡」的動人之處吧。

可現今世上的無價之寶在當時卻為林布蘭招來了半輩子厄運；出錢找林布蘭畫畫的保警們覺得自己在「夜巡」裡的地位不夠平等，又明暗、大小各異，不但拒絕接受還上告法庭，沸沸揚揚鬧了起來，而阿姆斯特丹的市民也爭相起哄，將林布蘭的「夜巡」視為一件笑話，還有人更因林布蘭的繪畫手法而尖酸地給他冠上「黑暗王子」的綽號。

辱罵、嘲笑與越來越多的曲解讓林布蘭聲譽盡失，而忠於自己的藝術堅持更加深了他的困境，從「夜巡」以後到去世前三十年間，這個不為世人接受的「黑暗王子」依舊不改畫風，持續地畫且越畫越好，然畫作卻已至無人問津的絕境，最後窮困到像個乞丐似的潦倒落魄，病死在破落的家宅中。

國家美術館裡還有一幅林布蘭晚年的自畫像是我忘不了的，畫裡的林布蘭手持泛黃書本，白髮雜亂，滿面愁容，一身孤寂，蒼老的眼神裡盡是無奈酸楚，還有不見知音的傷心與失望，看之令人泫然。

三百多年前，一個阿姆斯特丹人眼中不值一文、輕視笑罵的「黑暗王子」，如今卻是阿姆斯特丹人心中榮耀崇高的至寶，林布蘭呀林布蘭，你的遭逢，怎會那麼諷刺、坎坷！

梵谷的浮世繪

離開國家美術館，搭電車接著又轉往阿姆斯特丹另一個人氣不墜的美術館，去看梵谷的畫。

阿姆斯特丹有兩個讓我印象深刻的畫家，林布蘭和梵谷。在藝術史上，林布蘭常被比喻成擅長營造光線的「明暗畫家」，而梵谷，這位比林布蘭晚一百多年誕生的畫壇巨擘，則是人們眼中「最熾烈的畫家」。

荷蘭的梵谷美術館珍藏著許多梵谷繪畫的經典之作：像是歡快又像是痛苦掙扎的「黃色向日葵」在那裡，梵谷與高更在亞爾共同生活過的「亞爾的寢室」在那裡，「夜間咖啡館」、「斷橋」、還有梵谷以特殊的扭轉筆觸畫出普羅旺斯的「系杉」、「橄欖樹」，以及金色炫目地像在烈陽下燃燒著的「麥田」，全都收集到了那裡。

雖然梵谷待在阿姆斯特丹的時間並不長，且遺留下來的許多經典作品，其作畫地點和時間都不是在阿姆斯特丹，但這間美術館可收藏了梵谷最多、最完整的作品呢！從早期色彩暗沉的荷蘭時期開始，然後梵谷來到巴黎，經過巴黎印象派繪畫的洗禮而後前往南法的亞爾，最後在那裡，達到了自己的藝術高峰，梵谷各個時期的作品都能在那裡找到。

記得那時我在美術館三樓的一間陳列室裡，看著看著，突然發現牆上掛著兩幅日本風格濃烈的畫作，當時第一個反應是：「啊，那不就是梵谷的浮世繪嗎！」

那是梵谷到巴黎時的作品，那時，日本的浮世繪版畫正逐漸西傳，與畢沙羅、羅特列克等當時印象派畫家交遊的梵谷，對當時流行巴黎畫壇的日本趣味相當有興趣，於是便試著臨摹浮世繪的用色與技巧。

我想，梵谷應該是相當欣賞浮世繪大師安藤廣重的作品，才會以他的「大橋驟雨」及「龜戶梅園」為臨摹對象吧？初看梵谷的浮世繪，嗯，色彩很濃烈呢；明亮的寶藍、深色的大紅、鮮豔的深綠，還有梵谷最愛用的金黃，它們被大片大片地平塗在畫布上，雖然基本的構圖不變，但感覺到梵谷的筆觸更燦爛，似乎含有更豐

沛的力量與熱情。

我站在梵谷的浮世繪前，想著，當年梵谷在他的巴黎小畫室裡臨摹他的浮世繪時，一定受到了某些啟蒙吧！一直未受畫壇重視的他，或許是想著自己必須向一些東西告別；告別以前常用的陰暗寫實技法，告別印象派的畫家好友，告別巴黎，走出去，找一條自己想走的繪畫之路。

後來，梵谷帶著他的畫具與浮世繪的啟蒙，離開巴黎前往普羅旺斯繼續作畫。藝術就是這樣，常是相輔相成、相互成就的；在南法，梵谷以自身的努力、天分、還有安藤的部分影響持續創作且完成了許多藝術史上的巔峰之作，而安藤，這位比梵谷早生五十多年的日本浮世繪大師，他那兩幅畫也因被梵谷臨摹而成了現今藝術市場上享有天價的名作呢！

北海小漁村

這樣的小漁村，不能不讓人心喜。

它離阿姆斯特丹只有短短的二十多公里，搭巴士只要三十分鐘就到了。臨近北海的它，自從村子附近築起了一道防波堤後便被圈進了一個人工形成的湖泊裡，而後漸漸成了一個小漁村，荷蘭人喚它作波倫丹。

漁村波倫丹真的很小，村子裡好像看不到什麼紅綠燈，簡單規劃的幾條街道上最多的是遊人，最少的是車輛，商店、咖啡屋或餐廳也不少，都開在一座座玲瓏精巧的小屋裡，實在像極了童話裡的場景。

徒步走覽，是認識波倫丹的最好方式。

我記得那天的波倫丹天氣晴好，滿滿的都是和煦的陽光，走進小巷裡，街上靜極了，一棟棟磚造的矮屋裡垂掛著白淨的蕾絲窗簾，簾子裡也是靜悄悄的，只在某個不經意的時後突地傳來幾聲淺笑，或是輕聲細語，聽了讓人不禁聯想，好像有種恬淡自適的日常生活輕掩在那片薄簾裡。

而最讓人驚豔的是，走著走著，不時就會遇上穿著民族服裝的當地居民；男子一律身著大黑的喇叭褲及黑短衫，女子的裝扮就俏麗多了，有的是圍著紅白藍三色線條長裙的波倫丹老奶奶，有的是穿著花邊短衣、足蹬荷蘭木鞋的婦人，最迷人的是頭戴白色蕾絲尖帽、圍著蕾絲蓬裙的妙齡少女了，有點嬌羞，有點純真，還有獨特的民族風采，當她們出現在街頭時，簡直就是波倫丹最受注目的風景，撩人綺思。

如果漫步到港口附近，就熱鬧多了，沿著港口有許多荷蘭風味的陶藝店、咖啡屋，遊人來來往往，絡繹不絕。

我在那裡賣輕食的一家小店，嘗試了一款波倫丹的傳統小吃，鯡魚料理。鯡魚是北海沿岸最常見的魚類，醃漬、清蒸或油炸是它最常見的食用方法。那時的我點的是鯡魚三明治（Broodje），只見小吃攤的老闆將塗滿香醇奶油的麵包，夾進了乳酪、雞蛋、火腿，還有最重要的主角，炸得香酥金黃的鯡魚排，豐富又量多的一份Broodje遞給了我，肚子早餓扁的我被它的香味誘得顧不得吃相，馬上張開大口，痛快嚼了起來。

小巧、恬靜、典雅，還有料好味美、飽滿扎實的風味小吃Broodje，像波倫丹這樣的荷蘭小漁村，怎能不讓人心喜呢！

艾登起士秀

人群逐漸開始聚攏到了這裡，整個華格廣場籠罩在一種熱鬧而期待的氛圍裡。

來到阿姆斯特丹的第一個禮拜五，一早起來便匆匆奔往中央火車站，買了前去阿克馬的火車票，還好時間充裕，從阿姆斯特丹到阿克馬只要三十分，我在心裡盤算著，一定要早點趕赴華格廣場，晚了，鐵定找不到好的位子了。

每年，從早春的四月下旬開始，到初秋的九月底，每逢禮拜五早上十點，阿克馬的華格廣場會就會固定開辦新鮮有趣的起士市集，它可是荷蘭最著名的市集之一呢！聽說，為了迎接這個每週一次的傳統市集，阿克馬人從前一天就開始準備了；經營販賣的乳酪商紛紛聚集到了這裡，負責場地的工作人員忙碌了起來，小賣店、餐廳、旅館也因它的響亮名聲而生意興隆，特別是開催前的星期四夜晚，小鎮的街道上到處可見觀光客的人影；他們是早以丈量好最佳角度的一群人，打算搶在別人之前趕到，以最好的距離目睹阿克馬聞名於世的起士交易秀。

我到的尚早，取得了一個還算不錯的位子。開催前的十五分鐘，先是出來幾位傳統妝扮的荷蘭美少女，她們在已經佈置好的場地上，親切地與圍觀群眾問候，甜美溫馨的笑容為市場揭開了序幕。

接著，眾所期待的起士交易秀開始了，秀的主角，一疊疊成熟新鮮的艾登起士，黃澄澄、油亮亮、圓嘟嘟、有大有小地堆疊在廣場上待價而沽。

幾個懂門道的老行家出來了，與乳酪商像是熟得不得了的老朋友似的，見了面先熱情地握手寒暄，之後開始交易。他們彼此間你一言我一語，再輔以手勢比劃著，有的拿起一個重達十公斤的起士，像為起士健診似的敲一敲，有的握刀俐落地切下一片起士嘗了嘗，搖搖頭又點點頭，咕噥幾句內行話後，成交，然後由身著白衣、頭戴紅帽的搬運工人扛著運走，場面相當有趣。

如果你是個起士愛好者，一定心癢地很想知道那些艾登起士的味道吧？圍著廣場附近的店家或小攤販可都有現切現賣的新鮮艾登喔！那時，好奇心強烈的我在秀場結束後就毫不猶豫地奔到一個起士小攤前，買了一塊泛著油光的煙燻艾登帶走。

脂肪含量不高的艾登嘗起來香濃不油膩，再配上中午出爐的熱麵包，我在艾登有了一次簡單美味的荷蘭風味午餐。

沿著運河走段路

有的城市讓你想起雨霧，好比英國的倫敦；有的城市感覺很陽光，例如西班牙的巴賽隆納；而有些城市一提到它，你就忍不住要聯想起水流或運河，就像荷蘭的阿姆斯特丹。

阿姆斯特丹究竟有幾條運河呢？數目之多可能連阿姆斯特丹人自己也說不清楚，辛格運河、紳士運河、皇帝運河、王子運河，阿姆斯特丹人琅琅上口的這四條主要運河，像樹木的年輪一樣，一層又一層環繞著阿姆斯特丹。另外，還有許許多多與那四大運河相連密切的小支流（據說超過一百條），呈輻射狀四散出去。是故，走在阿姆斯特丹的街頭，從市街轉到任何一條小徑都能看見運河的滔滔水流，不知從哪裡來，向何處流

去，一個初訪此地的旅人在運河錯綜的老城區裡，可能要在這個彷彿蓋在水上的城市裡迷了路。

但阿姆斯特丹畢竟是個開放進步，又見過世界各色人種的國際都會，道路指標詳實清楚，居民親切隨和，十分樂意為你指點迷途，在這裡會因迷路而問不到路，其實也不是一件容易的事。

搭著運河上的玻璃遊覽船漫遊，是一種省力又浪漫的方式，短短一個鐘頭就能探得這個城市的幾分概貌，可我想，自己到達時的天氣那麼好，藍天上的雲是薄薄透光的那一種，太陽是溫和的，風是輕輕吹的，沿著運河走段路，散散步，才不至於辜負這樣的好天氣。

我的計畫是從旅店出來，穿越水壩廣場，沿著歷史最悠久的辛格運河徒步到花市。過廣場，穿小巷，跨小橋，慢慢地向辛格運河走去。

辛格運河的河面比我想像中的要深邃廣袤，河水濃綠幽深，不疾不徐地湧動著輕淺的波濤，運河上的玻璃遊覽船，送往迎來頻頻，它的繁忙與人氣似乎不言而喻。相較於市中心的現代高樓，在辛格運河沿岸的老城區常能看見許多優美古典的舊式小樓，它們大都帶著十七世紀的流風遺韻，散發一種清麗風采。

如果你像我一樣也是個對建築藝術好奇的人，那麼一定會注意到，那些老房子的屋頂；有的看起來像一口大鐘，有的兩端砌成像階梯，有的看上去宛如一個伸得長長的頸子，它們一棟棟濱河而立，帶著暗藏玄機的巧思、趣味，一路看下來，絲毫不覺得累。

就這樣一路看著走著，最後來到了辛格運河畔的著名花市。這個已有兩百年歷史的熱鬧花市，一直是阿姆斯特丹人最喜歡的地方，玫瑰、雛菊、天堂鳥，還有荷蘭的國花鬱金香，種類多到數不盡。還記得那時我到了那裡，才短短幾分鐘就被那些燦爛的奼紫嫣紅逗得心花怒放了。

阿姆斯特丹的玩法有許多，假如有一天你到了那裡，不妨試試用步行的辦法玩；找一段流穿老城的運河，用自己的步子和眼睛沿著它走段路，去發現、去感受阿姆斯特丹的獨特魅力。

約克 York

我該如何描述第一眼見到Shambles的感覺呢？
嗯，先是昏暗，Shambles像一個深幽幽的壑，
彷彿有著什麼詭異隱身在那深壑中。

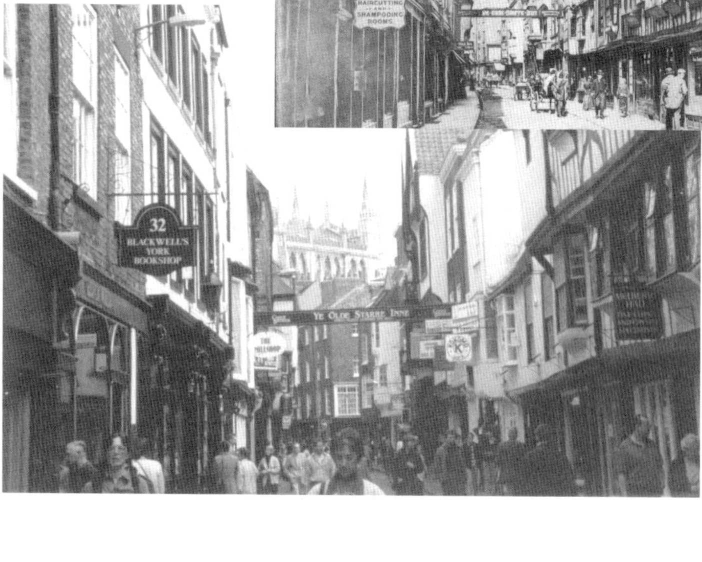

屠夫小巷Shambles

總是這樣，行旅歐洲的老城或古鎮時，最念茲在茲的就是，一定要到那裡的小巷走走。

我對歐洲老城裡的小巷總抱持著濃烈的興趣，相較於車馬喧囂，翻新整修的大街，小巷顯得安靜，古舊樸實多了，在幾百年未曾改變的小巷裡穿來穿去，腳下踩的，常是被磨成陳年骨牌、發光發滑的硬石，幽幽反射著老樓屋簷下的鑄鐵街燈，兩側的高牆總是靠得很近很近，將天空夾成了一道窄窄細縫。

這樣的小巷裡，有時開著一間間門面雖小卻雅緻的小舖，經過它面前時，你會忍不住推開門躡手躡腳地跨進去，只見店主對你輕輕點個頭或以嘴角的微笑作為招呼，任你隨意選看，而不會一直盯著你，那種含蓄、自在又信任的氛圍是讓人覺得很舒服的。有時走著走著，巷子裡的路會愈走愈窄，天光也跟著變暗，可你的腳步聲卻愈來愈響，響到你不禁要放慢、放輕腳步悄悄地走，那樣的小心，就像深怕驚醒了一個遠古的年代般。

在我的行旅回憶中，英國約克的屠夫小巷，Shambles，就是這樣一條讓我一直惦念著的迷人小巷。

那一天，初抵約克的我，早就從書中得知約克有條屠夫小巷，相當有特色，等益將租來的車子停妥之後，便急急忙忙拉著他，往老城裡鑽探。

約克的老城並不大，最熱鬧的地方是以Petergate、Stonegate、Davygate等幾條街道交錯的地區，而Shambles呢，就像一條狹小的細縫夾藏其間，一不小心，很容易就會錯過。

我該如何描述自己第一眼見到它的感覺呢？嗯，先是昏暗；一拐進Shambles就覺得昏暗，雖然是白天，但仍亮起了路燈，鐵鑄的老燈光線昏黃，把Shambles照得像一個深幽幽的壑，彷彿有什麼詭異隱身在那個深壑之中，這樣的感受，雖然有點陰森，但倒是很符合屠夫小巷這個稱呼的意象；誰叫以前Shambles是一條聚集了三十多家專賣肉類的肉舖小巷，難免引人聯想磨刀霍霍向豬羊，開膛剖肚的血腥印象。

然而，當雙眼適應了暗微的光線後，啊，我不由得叫了一聲，裡頭哪會陰森，相反地可真熱鬧哩！狹窄的巷子裡都是遊人，巷弄有時窄到行人個個必須摩肩側身才能穿過，夾巷左右兩旁都是兩三層的矮樓，看起來相距僅一臂之遙，好像一伸手就能搆著對面的窗台。

我倆置身人流中走著，眼尖的益發現，許多小樓的窗台下都還保留著當年用來懸掛肉類的尖銳倒鉤，老舊的木頭上似乎還殘留著一些陳年油漬。那些過去曾是肉舖的矮樓，如今都轉型成燈光明亮的小茶館、甜點舖、書店或是繽紛的藝品店，香甜的氣味、熱絡的人氣取代了過去的油膩幽暗，幾百年不變的小樓又保存了與過去有關的神秘與想像，我記得那一天我和益在Shambles流連了好久，東瞧西看地直到店家打烊了仍意猶未盡，心裡還盤算著第二天再來。

總是這樣，像Shambles這樣的一條韻味小巷，總會讓人逛之不厭，意猶未盡。

黑白老相片

那是一本B5大小的黑白攝影集，以一張老照片作封面，上面印著「The City of York 1886 ~1956」幾個字。雖然是一張攝於一百多年前的老照片，但看起來卻是那麼清晰，百年前的快門一閃就這樣捕捉住老約克生動的一景；照片中是一條繁忙的鬧街，老古董級的敞篷車、馬車和腳踏車在馬路上穿梭，街的兩側是三層樓高的房子，騎

樓下，頭戴寬邊圓帽、長裙曳地的約克仕女正沿街瀏覽著櫥窗。

因為念念難忘Shambles，所以隔日又忍不住朝那兒逛去。在Shambles的一間小書店裡，意外發現了一本老約克的黑白照片簿。不知為何，我對黑白老照片向來有份特別的偏愛；那單純的黑白色調看上去，常是透著緩緩溫和的寧靜，少了飛揚恣肆的色彩，反而予人含蓄朦朧的想像空間，大概就是這個原因吧，所以一看見那本黑白攝影集，我就毫不猶豫地將它列為收藏。

翻著老約克的黑白照，愈看愈是興味盎然；在一張Shambles的百年舊照裡，我看到了當年Shambles的模樣就和今天大致相同，印象較為深刻的是，小狹弄的矮簷下真的掛著一頭頭對剖的豬隻，寫實的鏡頭讓人彷彿還能聞到一股生羶氣，從照片中飄了出來。

這實在是一種有趣的經驗：那時的我在Shambles翻看它的老照片，同樣的地點雖然相隔超過一世紀，但大致的輪廓卻依舊如前，那時，時空的界線彷彿消失了，好像一下子回到了照片中的年代，我禁不住想依著Shambles的老照片，去尋找照片中出現的矮房、商家還有那些曾經血淋淋的大鉤子。

身旁的益當下提出建議，反正我們在約克逗留的時間尚多，何不將自己視為城市偵探，邊逛邊找與書中相符的約克場景？我馬上附議，結果，Shambles之外，真的又讓我們發現了好幾處：

在Stonegate，當年那棟木頭條紋裝飾的老房子依然是如今大街上一個亮點，而約克的象徵，York Minster，它的大尖頂依然如老照片一樣浮在街底上空的霧氣裡。

在Petergate，我一下子就認出照片中那排斜尖頂的三樓老屋，老屋如今漆上了溫柔的色彩，古典的花俏感替它掩去了風塵，看上去欣欣向榮，一片燦爛迎人。

還有還有呢，在許多靜巷的轉角，鑄鐵老燈或是頂著老英格蘭長條扁煙囪的舊小屋也被我收進了眼底，它們有些看起來就像被遺忘很久似的獨立在角落，彷彿一些來不及收進史書的陳年灰塵般，靜默之中有點淡淡的哀傷。

我一直忘不了那一天我在約克進行的那一場城市探索，依著那些宛如由細緻炭筆細描出的黑白舊照，看見老約克過去的輪廓依然栩栩如生，整個城市彷彿在你眼前驀然回到了從前。

Taylors

英國的吃，向來乏善可陳，然而英國的下午茶，卻是那樣地令人津津樂道：舉止高雅的紳士淑女、細緻晶亮的骨磁茶具、香甜精巧的糕餅，到英國旅行，只要抽空到茶館坐坐，喝杯下午茶，不需太多的花費便能體會道地的英國風情。

對糕餅一向興味盎然的我，最愛英國午茶裡的甜點司康。

司康這種小鬆餅，源自英國北方的蘇格蘭。最初，它的口感類似餅乾，因為加了燕麥而顯得粗糙略硬，後來經過改良，於製作時添加膨鬆劑、奶油與牛奶，口感變得細緻多了，香鬆鬆的，十分順口。將剛出爐暖烘烘的司康橫切成兩半，抹上鮮奶油或果醬，香甜不膩的滋味即刻在口舌間化開，再啜飲一杯熱騰騰的紅茶，整個人從心到身，頓時溫暖滿足了起來。

總覺得，相較於金碧輝煌的豪華飯店裡的午茶，洋溢著在地風情的小茶館顯得親切多了，平易近人的價位反而更能吸引旅人造訪，好比開在約克老城的那家百年茶館Taylors。

Taylors開在約克老城熱鬧的舊街上，墨綠色的護壁與金漆的店名相當醒目，那一天我和益在街上逛著，一見它，視線就被套牢了，從牆上開著的白格子櫥窗望進去，暖暖桔色的屋子裡一罐罐一盅盅，琳琳瑯瑯的各式茶葉盡是排滿了滿牆滿架，描著細緻花草圖樣的茶具茶巾，成套成組地將店內點綴的繁花錦簇，就像一間專業道地的茶舖子，整個店堂帶著一種雅緻溫馨的英式情調，我和益對望了一眼，彼此心照不宣馬上推門進去，心裡想著，這間成立於一八八六年的百年老舖一定有什麼值得發掘的東西。

Taylors的一樓以賣茶為主，伯爵、錫蘭、大吉嶺、阿薩姆，各種來自世界不同產地的紅茶，還有來自中國與日本，種類可觀的茉莉、烏龍、白毫或綠茶，都被蒐集到了店裡的那些茶罐裡，比較特殊的是，Taylors還兼賣自營品牌的茶葉與咖啡，味道如何呢？答案就在二樓的茶館裡。

經過一道窄窄的木頭樓梯上二樓，茶葉的暖香和著咖啡的焦香迎過來竄進了我的鼻腔，聞起來很舒服，老木頭深色的地板桌椅配上白淨的蕾絲窗簾及細緻花邊的桌巾、茶具，情調迷人，飄散一種老茶館的脈脈溫情。

第一次走進Taylors的我，點了它的特調紅茶與自己最喜歡的司康，而益呢，則選了一種微焦微苦的Taylors調和咖啡與野莓塔，百年老店的火候果真引人入勝；不論是紅茶或咖啡，都是用非常專業的手法與壺具沖煮出來，滋味甘醇舒坦，而純手工烘焙的司康與野莓塔，口感綿密濃純，新鮮酸甜的果醬更讓人由衷喜悅。

那時的我，置身在Taylors的典雅房舍裡，品嘗的雖然只是簡單的茶與司康，但味覺與心裡卻像吃了豐富饗宴般，獲得了深深的滿足呢！

紐約

那一天，戴著我的Tiffany
再次徒步街頭時，
心裡甜甜的，彷彿擁有了
一點美麗的證明般，
沉浸在朦朧的喜悅裡。

New York

紐約綠市場

在紐約第十四街上有個三角狀的聯合廣場，離著名的熨斗大廈很近，在地的紐約人都知道，過了禮拜二的禮拜三到禮拜六，從紐澤西來的自耕農會在那裡擺攤，許多當季的、鮮嫩的青蔬水果、手工烘焙現烤的麵包糕點，會在那裡一落落一攤攤地羅列排開，熱鬧地從清晨到黃昏。熟門熟路的紐約人將那裡喚作紐約的綠市場。

初旅紐約的第一個禮拜六，我起了一個大早，逛呀逛地來到了綠市場。

是假日的關係吧，綠市場裡以快節奏著稱的紐約人此時不再形色匆匆，反而換上了慢步伐，有的拉著喀拉喀拉響的小拖車，或是挽著大菜籃，要不就是肩搭著寬鬆的棉布包，神態悠閒地遊走攤位間選購，有人紅紅綠綠的選了一推車，有人挑著挑著便與相熟的老闆聊了起來，有人忍不住饞，買了灑著雪白糖粉的甜甜圈吃得眉眼笑了開來。

嘩啦啦的叫賣聲如潮水般向我湧來，氤氳的食物香一陣接一陣地撲鼻而來，我記得，自己買了幾顆水滴滴的甜橙後，旋即轉身挑了一個蘋果派，然後順著攤子往前走又買了一塊蓬鬆鬆的戚風蛋糕、捲捲邊的餡餅及長棍子麵包，最後一算，只用掉了幾塊美金。

我一直很想念那個星期六的紐約綠市場，元氣、豐足、物美又價廉，對我來說，它，真是那個城市裡最平易親切的一處地方。

防火梯

它們醒眼地暴露在紐約建築物的外牆上，數量密集，就像台灣常見的鐵窗一樣，看上去有點刺眼、有點多餘，以一種冷酷的姿態傾斜在那裡，予人緊張的危機感，好像提醒著人，小心哪，這裡隨時會有失火危險。

初抵紐約的旅人，往往會對那些防火之梯深感詫異，它們斜斜地掛在赭紅色的磚牆之外，看了讓人好奇。記得那時我在紐約，看見那些金屬斜梯，腦海裡浮現的畫面，嗯，很奇怪，竟是好萊塢電影裡常出現的情景；有時是一個竊賊正握著槍，咚咚咚三兩步地快速從那個斜梯逃下來，逍遙而去，或是一個英勇的打火兄弟不畏兇猛的烈燄濃煙，一層又一層地爬著那些防火梯，破窗，準備救人。

說起來，紐約似乎是個命格相當「犯火」的城市，幾場世紀大火——例如兩個世紀前，一場因煤氣管爆炸而引起的大火，長長的火舌據說延燒了兩天兩夜，紐約的南方全數化為灰燼。還有上個世紀初一場成衣工廠的烈燄，五百多人被困在廠裡而成了火蛇的獵物——這些恐怖的經歷一直深留在紐約市民的心裡，令他們談火色變，於是紐約的一般民宅建築，特別在下城區，其外牆總不忘加掛起防火的金屬梯，它們銜接在窗口上，突出於建築立面顯得雜亂，雖然影響了市容的美觀，但紐約人可不在乎呢，沒有了那些醜陋的梯子提供的安全慰藉，恐怕有許多紐約人要擔心得晚上睡不著覺了。

紐約的防火梯，就像台灣建築常加裝的鐵窗一樣，讓人感到那些住在窗子裡面的人，其實是有著一顆謹慎、憂慮又不安的心。

玻璃森林

從哪個角度最能感受紐約的特殊魅力呢？我想，紐約的摩天大樓會是我心中最典型的紐約象徵。

紐約彷彿是個以建城為娛樂的城市，不斷建造新的摩天大樓似乎是這個城市永遠不變的主題。初次見到曼哈頓的摩天大樓，就像受到了強烈衝擊似的直到現在依舊印象深刻，那些渾身閃亮的高樓好像一下子從地心引力的束縛中解放出來，一棟接著一棟不斷向上拔高，凌厲的氣勢彷彿就要碰觸到浩瀚的天際。

關於紐約摩天大樓興起的原因，主要還是因為下曼哈頓地區過於人稠地窄，於是向上發展、建築超高的摩天大樓以應付所需，再加上輕便鋼骨架構的出現、電梯的發明以及國際財團間彼此競爭等種種因素的刺激，促成了摩天大樓的爆紅，接二連三地在曼哈頓矗立。這些玻璃、石頭、水泥組合而成的龐然大物，一出現就嚇得人心跳，信心滿滿擺足架勢等著刷新世界紀錄。

隨便舉幾個為例，比方，伍爾沃斯大廈，在上個世紀初時曾是全世界最高的建築，還被列為世界八大奇觀哩！十幾年後出現了一座曼哈頓銀行，超越了伍爾沃斯的高度，但僅短短數日，克萊斯勒大樓又躍過了曼哈頓銀行，炫目的放射狀尖頂不僅讓它贏得世界第一高的稱號，還被人歌頌為上帝的化身呢！

而沒多久，在三十四街拐角處又蓋起了帝國大廈，它打破了當時建築速度的世界紀錄；以一週蓋四樓的驚人速度，很快便超越了克萊斯勒，奪下世界最高的寶座，直到世貿中心的落成，才又刷新了另一個世界紀錄。

還記得那時，走在曼哈頓那些成群矗立的摩天建築間，感覺自己渺小得就像被放進了玩具盒子裡，又像迷失在一座科幻的玻璃森林，街道兩側一連串密集直立的摩天樓宛如擎天的巨樹，高不可測，落地的玻璃帷幕牆依日光眷戀的程度，時而映著藍天白雲，時而光燦，時而透明，予人迷離錯覺，感覺就像走在現實與虛幻的狹縫之中。

想逛天堂，先儲備體力

紐約真是個競爭激烈的地方，先別說那些來自世界各地、不同種族的人在這裡，為爭立足之地地奮鬥了，那是紐約這個民族大熔爐較為灰暗辛酸，屬於裡層，千言萬語也

道不清的一面，外人很難看分明。若單從表面看，一個初旅紐約的旅人，看見下曼哈頓那些競相爭高的豪華金融摩天樓，大概就能領略幾分這個大都會激烈的競爭性格。

還有一個地方，就是第七〇街至第一〇四街之間，沿著第五大道的那一區，九座世界上頂尖的美術館一口氣聚集到那裡，不是說紐約是個競爭激烈的地方嗎？連蓋美術館也一樣，又稱美術館大道的那一區，是紐約競爭性格的另一種表現，在下曼哈頓那裡拼的是金錢，在這裡拼的是藝術品的收藏與展現。如果你是一個美術館迷，來到這一區，可能要樂得像置身在天堂裡了。

怎會像置身在天堂裡呢？先從館藏說起吧！大都會、古根漢、拉丁美洲、猶太人、紐約市立及國際攝影等九座美術館加起來，館藏之豐富，定足以讓美術館的粉絲們大飽眼福，若想一一盡覽可能要花上好幾日呢！再說這些美術館全都集中座落於相近的街道上，讓人著實免去了找路問路、東奔西跑的麻煩，而要是一個精打細算的美術館迷，一定還會發現，這裡有些美術館會在一週的七天裡選出一兩天，讓參觀者免費或給予折扣優惠入館哩！在物價消費皆高的紐約市，這點小小的放送，雖然有限，但多少能讓旅人省下荷包裡的一點銀兩。

朋友中，一個美術館的迷姐曾告訴我，到紐約逛美術館大道，最重要的就是體力、耐力，「沒這兩樣，保證妳會看得頭昏，累到虛脫。」這是她的親身感受。當我也來到美術館大道，便以最心儀的大都會美術館為起點逛起，頭一回踏入它的我，就像一個跳水的人，噗通一聲，一頭栽進大都會這個館藏超過兩百萬件的殿堂裡，迅速就被館內的藝品淹沒了。

當時，進門前明明還想好了自己要看的展廳、藝品，可一進廳裡，就將剛才的計畫全忘記了，裡面實在太大了，走著走著便失去方向，愈走愈生疑：這個方向對嗎？我要看的埃及館在那裡？怎麼走那麼久還沒找到放印象派繪畫的展廳？不是才看過維梅爾畫的少女嗎，怎麼看著看著又回到了這個展覽室？一個接一個的懷疑就這樣從心裡冒出來。我記得那時，逛了幾個小時後，自己累得垮下了肩，頭眼昏花，虛脫地來到美國館中庭，攤軟在長椅上，疲累至極，望著那尊金色的戴安娜女神像，愣愣發了好一會兒的呆。

那時我想：「這才是我在美術館大道參觀的第一座美術館哪，就把我累成這樣了，接下來可還有體力嗎？」「已經到了這裡了怎麼能不繼續看下去呢？已經到了這裡就應該好好看看啊！」幾番掙扎後，天曉得，自己不知是從哪裡得來的氣力，又再起身，繼續撐下去。

紐約的美術館大道是一條我忘不了的街道，它是紐約這本無盡之書裡的一個美麗、豐富又深邃的篇章，裡面藏有太多值得一看的東西，是美術館迷的天堂，只是，若想走進、享受這個天堂，可以，但記得，先儲備超強的體力、耐力呀！

靜靜散個步

中央公園是紐約在摩天大樓之外，另一張樂於示人的面孔。

它的面積有三四〇〇公頃大，園內的道路、草皮及湖泊皆經過精心的規劃設計，蔚

然成蔭的林木、植物沿著蜿蜒的小徑綿延無盡。這片美麗的自然公園是鳥類昆蟲的樂園，也是許多紐約人最喜歡散步運動的地方；它活生生地將大自然的清新氣息引進了紐約這個車流樓群擁擠的大都會，為生活在這裡的人提供了一個紓壓的空間。

第一次踏進中央公園，是在逛完大都會美術館的那天午後，秋末冬初的時節，園裡的樹早已變了色；明黃亮橘或深褐，蕭索中帶著清麗。才從人潮洶湧的美術館退出來，腦袋發漲有點虛脫的我，來到中央公園只想安安靜靜地走著。

一進入中央公園，四周馬上安靜下來，涼風乍起，我且深呼一口氣，混沌的腦袋頓時清醒過來，寬廣的自然空間一下子鬆開了我體內一直緊繃的那條神經，周遭靜得只聽到掉落地上的黃葉，被我踩得沙沙響聲，疏朗的楓樹林濾掉了一些午後的陽光，灑在地上變成斑駁的光影，像極了掛在美術館裡的印象畫。

這座橫跨五十條街道的大公園，就像一片巨大的綠色肺葉深拓在曼哈頓的中心。園內被規劃成好幾個主題，像是最受兒童歡迎的動物園、愛麗絲夢遊仙境、牛奶房，還有大人相當喜愛的蕩舟湖、噴泉或花園，紐約就是這樣，這個包羅萬象、花俏的大都會連公園的設計也愛耍花樣，令人眼花撩亂，如果你覺得這些仍不足，那麼公園裡還有迷宮、劇場及馬車，有了這些，來到這裡的人既能享受自然又有遊樂可玩，有了中央公園，紐約著實可愛親切多了。

而我到這裡，其實只想沿著彎曲的小徑，靜靜地散個步，放鬆，放空，深呼吸。

記得那時在公園裡，不時就會撞見一些園內長住的常客，如張著嘴不知在戳咬著什麼的小松鼠、羽毛鮮紅一蹬一蹬在枝頭跳躍的小紅雀、池畔戲水的綠頭鴨，還有一些飛來準備過冬的雁鳥，與人相遇，牠們竟一點也不畏懼，反倒有一種悠遊的自在，讓人感到牠們是那麼快樂地生活在這片自然公園裡。

那是一些雖小卻動人的邂逅，在中央公園靜靜散個步，人與自然常能這樣直接無偽的相遇。

第五大道Tiffany

那一天，第五大道上有個容貌清秀的女子，伸著長長的脖頸盯著七二七號的玻璃櫥窗瞧，一臉的心醉神迷。她的眼光與櫥窗纏綿了一會兒便推開七二七號大門走進去，等她出來時臉上掛著滿足的微笑，手上拎個淺藍色的紙袋，上面印著一排英文字，Tiffany。

第五大道車水馬龍，名店雲集，其中，提起七二七號的Tiffany珠寶，幾乎無人不曉這個紐約的經典品牌。

既然是經典，那一定會有一段好長的故事可講，簡而言之的話，成立於一八三七年，已近兩百歲的Tiffany珠寶，其創辦人為Charles Lewis Tiffany，他的第一家店是開在紐約百老匯大道上。以銀製品起家的Tiffany，其純度高又設計優美的製品很快便打響了名號。

極富商業頭腦的Charles，一手創造鈔票，一手創造經典，不僅積極開發餐具、燈具、飾品等新產品，每一出手都令人驚豔，還想到了一個新的點子，就是選擇一種輕柔飄逸的淡藍作為Tiffany的標準色，除了將其廣為應用於所有產品的包裝、紙盒及提袋上，更拿著那個淡藍的紙盒子去註冊，就像香奈兒的經典顏色是黑與白，從那時候起，Tiffany Blue就成了Tiffany最經典的色彩象徵。

Tiffany的淡藍，清新優雅，好像還有一點淺淺的甜蜜與純真在裡面，是一種讓人看了很舒服的顏色，這會不會就是當初Charles選它來代表Tiffany的願想；他想讓人看見那樣的淡藍就會在心中興起一些美好的夢想？

那一天，我在第五大道上閒逛，經過Tiffany的紐約總店，想起了這品牌的一段故事。而櫥窗前那名眼光熱烈的妙齡女子，又讓我不禁憶起奧黛莉赫本主演的經典名片，第凡內早餐，當初，赫本主演的第凡內早餐就是以紐約這間Tiffany總店為開拍地點。

年輕貌美的女孩荷莉一心嚮往紐約上流貴婦的生活，她一直夢想自己能成為有錢的名媛，打扮得光鮮亮麗，出入名流階層，可現實生活中的荷莉只是個鄉下來的貧窮女，她唯一的精神慰藉就是每天早晨來到Tiffany珠寶店的櫥窗前，一邊啃著甜甜圈，一邊想像自己，有朝一日能在店裡享受早餐的優雅生活。

赫本演活了電影裡的荷莉，她的招牌大眼睛會說話，時而嫵媚，時而清純，還有一些力爭上流猶不能融入的孤獨與掙扎在裡面，相當動人。因為第凡內早餐，紐約的Tiffany珠寶名氣更加響亮了，而電影裡的赫本，當她梳起了貴婦的高髻，穿上一襲無袖的黑色禮服，再配上Tiffany的飾品，看起來是那麼高雅甜美，簡直就是Tiffany最佳的代言人；那樣美麗的身影，應該就是喜歡配帶Tiffany飾品的女人，心中最想成為的樣子吧。

那一天，我在第五大道的Tiffany前徘徊，喜歡Tiffany銀製品的我後來也推了門走進去。店裡陳列的東西價差甚大，相較於動輒幾十或上百萬的美鑽珠寶，我買得起的銀製品便宜多了（台幣四、五千就能買到一條經典銀製項鍊），就這樣看著挑著，親切的店員將我選好的Tiffany為我戴上。戴著我的Tiffany再次徒步街頭時，心裡甜甜的，彷彿擁有了一點美麗的證明般，沉浸在矇矓的喜悅裡。

超級卡內基

已經連續好幾天了，那家三明治店門前總是排著一條彎彎的人龍，生意旺得不得了。

打從我到紐約的第一天開始，我就注意到了那家名為「卡內基」的三明治店，就在知名的卡內基中心斜對面，每當臨近晚餐的黃昏時分，等在「卡內基」前的彎彎人龍就會從店門口一直延伸到我住的旅店附近，如此顯赫的陣仗看得我心生好奇：這間店裡究竟有什麼誘引人的特殊美味呀？

一個下午從「卡內基」門前經過，我實在難抵心中的疑惑，決定耐著性子排隊，等待又等待，終於買到了店裡的招牌三明治，超級卡內基，付帳時才驚覺，哇！真貴呢，折合台幣竟要七百多元。

拎著一只沉甸甸的紙袋回飯店，馬上打開包著超級卡內基的錫箔紙，一看，果然令人驚豔，四片厚度約一公分的薄麵包中間夾著厚實噴香的火腿肉，口味不同或深或淺地一片疊著一片，多到好像蓋摩天樓似的疊得足足有二十公分高，想要一口咬下它，恐怕要有一張河馬般的大嘴吧？

抽掉支撐超級卡內基的塑膠籤，我眼前的摩天三

明治馬上倒了下來，「該從何著手呢？」我猶豫著，索性從那些軟嫩肥腴的火腿片開始吧。嗯，煙燻的不錯、黑胡椒的慓悍、粉紅原味的清爽，一款有一款的特色，再搭配明亮清新的酸黃瓜與香料麵包均衡一下，不膩口的滋味令原本對火腿不太偏愛的我，竟一片接一片地停不了口！

那一年的紐約之旅，我第一次嘗到了超級卡內基，那豐厚紮實的份量、香腴鮮明的味道，雖然貴了點，但，的確是值得又叫人難忘呢！

遇見塞納河

我走進紐約現代美術館，來到了一處展覽雕塑的庭院，黃昏降臨的庭院內已點起了燈光，燈光如蜜，在薄黑的暮色中渲染開來，染上了院內的綠蔭，清淺的池塘，還有圍繞在池畔的雕像。

庭院裡的雕像，形態各異，栩栩如生，讓人不自覺地想要靠近，其中，令我印象最為深刻的，就是那尊仰臥池畔的少女雕像了。

那池畔的少女，側仰著浪漫的裸體，微偏著頭，臉上帶著天真嬌雅的表情，看上去就像一個在水邊無拘無束、暢快嬉遊的天真少女，讓人心中油然興起對大自然的憧憬。

我手上的資料說，眼前這尊美少女名叫《塞納河》，是法國雕塑大師麥約的作品。塞納河，我在心中輕唸著，多麼美麗又隱含深意的名字啊，那天真浪漫的少女形象讓人不禁要想，彷彿法國的母親河一般源遠流長的塞納河，從古至今已哺育過多少法國兒女了呢？又有多少的法國文明已在它流經之處開花結果了？

就這樣想著想著，我在《塞納河》附近流連，繞著池畔走了一圈又一圈。那一個夜晚，我在現代美術館的露天庭院裡，第一次遇見了《塞納河》這件作品，又因它讓我得知麥約這位雕塑

家；增添了我對雕刻藝術的認識。

《塞納河》的模樣就一直深印在我心裡，從那天起，我知道，自己從此會是個喜愛麥約雕塑的麥約迷了。

時報廣場

我是在離開紐約的前一晚才來到時報廣場的。

時報廣場並不大，它其實是第七大道與百老匯交匯的一塊三角地帶，一九〇四年因紐約時報本部搬入這塊三角地帶南邊的時報塔樓，因此而被稱為時報廣場。

夜晚的時報廣場完全淪陷在閃爍的霓虹燈裡，映入眼中的是各式炫目的廣告招牌，除了那著名的紅色地標可口可樂外，還有日本的Suntory、韓國的Samsung，以及DKNY、GUESS等，數不盡的大型國際名牌的電子廣告板，爭相亮起了夜燈，璀璨閃熾，大肆在你的眼前張揚著繁華的物質美夢，置身其中，也不過短短幾分鐘，就覺得自己被那濃烈的鮮豔亮光，魅惑地飄飄然，好像有些潛伏在內心的物質慾望就這麼被勾了出來。

時報廣場畢竟是紐約最知名的廣場，總能吸引大批的人潮到它的腳下，特別是夜晚，準備到百老匯看戲的，購物的，等人的；最多的就是像我一樣並無特定目的，只想到這裡看看的旅人。滿滿的人流、興奮好奇的臉、漲滿耳朵的人語、車聲，這個五光十色的三角廣場就像紐約的一個活躍之心，親近它，彷彿就能體會到紐約最激情的脈動。

那是我在紐約的最後一個夜晚，站在廣場繽紛熱鬧的街頭，突然想起了時報廣場一個行之百年的傳統；每年年底的除夕夜，廣場會擠滿了等著Final Countdown的人潮，隨著十、九、八、七的倒數計時，當鐘敲十二點，人們振臂歡呼，齊聲互道Happy New Year，然後一顆光亮閃爍的大紅蘋果高高地從時報塔樓降下來。那個畫面一直是我心中代表紐約的一個經典畫面。

那時，離除夕夜還有一個多月，即將離去的我，

是不可能親眼見到Final Countdown的動人場景了！「但這又有什麼關係呢，」我對自己說，未能親睹的遺憾，一直都是促成自己再度重遊舊地的誘因，我想，「遲早，自己都會再來時報廣場，瞧瞧那顆從天而降的紅色大蘋果，一圓未竟之夢的！」

N.Y Bagel

朋友要去紐約玩，行前問我紐約有什麼不可錯過的美食。搜尋腦海中的味覺記憶，一陣小小的騷動馬上在我的味蕾泛起；那香QQ彈性十足的焙果（Bagel），絕對是我最鍾愛的紐約之味。

我第一次到紐約是天氣轉寒的秋末冬初，印象最深刻的紐約食物，不是大餐館裡的招牌名菜，而是熟食快餐店裡簡單明朗的焙果三明治。

焙果三明治的吃法是相當隨性的，道地的紐約吃法是把焙果攔腰切成兩片圓圈餅，中間的內餡疊床架屋般地先鋪層厚厚的奶油芝士，再搭上洋蔥、生鮭魚，最後加點提味的酸豆或黃瓜。享用時別管吃相好壞，張開大口盡情咬下吧；香腴豐厚的滋味美味得讓人停不了嘴，吃完一個還意猶未盡哩！

原為猶太人傳統食物的焙果，是東歐的猶太移民於十九世紀末時將它帶往新大陸的，雖然美國其他地方都有焙果，但口感與紐約相較，總覺略遜一籌。

據說，紐約焙果之所以特別美味，關鍵在於水質；已經塑好形狀的焙果麵糰得先經熱水煮過，才能進箱烘烤，就因這道宛如洗三溫暖的程序，才讓焙果外皮光亮而嚼勁十足。

記得那時，因戀戀不捨焙果的滋味，離開紐約前，還特別到上城的一家焙果專賣店，買了四十幾個熱騰騰的焙果，將行囊塞得滿滿的帶回。

這樣的好吃行徑，如今想來，還真是有點好笑呢！

喀什米爾

那是一條看了便讓人忘不掉的達爾湖的湖街，
有點閒散，有點緩慢，
還有一點陳舊的滄桑和與世隔絕的味道。

Kashmir

通關

和朋友提起自己將前往喀什米爾旅遊，她們的臉上馬上露出驚訝的神情，不用解釋，我大概也能猜出她們心裡想的：「要去流血的地方旅遊的人，實在太不可思議了。」

也不怪她們會這麼想，因為就在不久前，台灣報紙的國際版才刊登一則喀什米爾與巴基斯坦的衝突事件，激烈的槍戰還造成多起傷亡。老實說，這樣的新聞看得我難免心裡發毛，腦海中亦不免浮現「硝煙四起，有人倒在血泊中」的慘烈印象，更何況，我欲前去的喀什米爾首府斯里那加還是個實施戒嚴的城市，據說市內槍戰頻傳。

「妳確定妳還是要去嗎？」臨行前，朋友一再問我。

「放心啦，反正已經有那麼多人去且都平安歸來了，只要避免在市區行動應該就沒問題吧。」我這樣回答，報載的新聞並沒有嚇住我，我還是決定上路。

要去斯里那加得先到德里轉機。在前去機場的途中，中文流暢的地陪便一再告訴我

們，飛斯里那加的班機，安檢相當繁瑣嚴格，除護照、金錢等貴重物品外，其餘物品盡量托運較好，以免引起安檢人員不必要的盤查。

從準備通過手提行李檢查台那一刻開始，我就感到一股異於平常的嚴肅氛圍，濃眉大眼皮膚黝黑的安檢人員眉頭深鎖，看起來像是陷在陰影中似的看得讓人心頭一緊，他們的眼睛盯著你，彷彿隨時就要伸出一隻手來，對你的隨身行李做一番徹底搜查。

當輪到我時，我將精簡到只剩下錢、護照以及一些女生常用的面紙、鏡子、口紅、防曬乳等私人用品的背包放在檢查台上，負責安檢的她先是看了我一眼，便開始進行地毯式的嚴厲檢查，只見她一層又一層地拉開我包包的拉鍊，取出其中的每一項物品，翻翻護照、皮夾，抽出墨水筆瞧一瞧，旋開乳液、口紅蓋子聞一聞，就連我吃剩的半包餅乾也不放過，就這樣查了又查，好不容易才在我的行李檢查卡上蓋了一個大印，放我過關。

本以為這樣的檢查應該就足夠了，豈知，登機口前還要再歷經一次人身大搜查。檢查時，男士女士各分兩側，還掛起了布簾，「莫非要脫衣搜身嗎？」望著那層神秘簾幕，我滿臉狐疑，等到自己鑽進去後才發現，簾幕裡面已事先坐著一位安檢人員，她要妳脫下鞋子，平舉雙臂，然後伸手在妳身上東摸西摸，確定妳身上沒夾帶刀槍等劫機的危險物品後，才又在妳的檢查卡蓋上另外一個大印放人。

那是一次令人印象相當深刻的通關經驗，前往斯里那加的安檢措施是那麼繁複嚴苛，讓人覺得像是踏上了前往邊界、戰地的路途；好像自己即將飛往的地方真如傳聞般的兇險不安。同行的地陪說回程的檢查將更嚴密到七道關卡，「那會是怎樣一個折磨人的場景呢？」「那片令我嚮往的山水秘境真的蒙著戰爭陰影嗎？」隨著機身不斷地上升前移，我心中的疑惑也愈發強烈起來。

暖暖的小老婆

喀什米爾的早春很冷，從喜馬拉雅山飄來的冷氣團一直滯留在達爾湖上，久未散去。冷氣團帶來的大量水氣在湖面上聚集，有時像霧，有時像雨，被風吹著，飄來又散去，雨霧籠罩下的達爾湖別有一番朦朧的寧靜之美。

這時的喀什米爾還未進入旅遊旺季，稀疏的遊客加上壞天氣，讓小販們意興闌珊，鼓不起推銷物品的興趣，他們三三兩兩閒散地聚集在一起，有的抽著水煙，有的喝著熱

呼呼的茶，每一個人都將身子縮進寬大的長袍裡避寒。

我在屋船的玄關前等西卡拉，趁等船的空檔和其中一名小販閒聊。他身上的長袍十分吸引我，雖然顏色灰灰的，但看起來很保暖，讓人也想套在身上試試看，不過有一個地方我不明白，就是為什麼這裡的男人穿長袍都只穿一隻袖子，另一隻袖子就空在那兒，走路時盪來盪去，乍看好像獨臂的人。

忍不住好奇心，我問了那名小販，是否這樣的穿法有什麼特殊的意義？他聽了我的疑問，臉上露出狡黠的笑容跟我說：「因為懷裡摟著一個小老婆。」「小老婆？怎麼可能？」知道我不會善罷甘休，一定會再追問下去，於是他將懷裡的小老婆捧出來，哈！原來是個小暖爐。

我馬上拿了他的小暖爐，邊看邊聽他解釋，原來，喀什米爾的冬天非常嚴寒，身上的長袍不足以抵禦刺骨的寒風，於是人人在長袍裡提著一個暖爐，暖爐裡有燒得紅紅的木炭隨時為身體加溫。聽了他的解說，我馬上聯想到「暖玉溫香抱滿懷」這句話，看來，喀什米爾男人一定很寶貝懷裡的這個小老婆吧！

屋船上的夜

在四周環水的屋船上過夜，前不著村，後不著店，想像中，那可能會是難以打發的漫漫長夜吧？初抵屋船的那天下午，我不禁這樣想。

是陰天的緣故吧，感覺白晝甚短，達爾湖似乎很快就染上了夜色，我們這行人匆匆用過晚餐，正盤算著該如何度過屋船上的初夜，略懂中文的船主接著宣佈邀請大家到他的客廳聚會，喝茶、聊天、看看秀。

一聽見有秀可看，大夥馬上睜大眼睛，船主笑了笑，神秘兮兮道：「大家遠道而來，總得找點簡單的樂趣娛樂一下。」

移步前往船主客廳，熊熊的爐火已將室內燻得熱氣繚繞，空氣中飄著淡淡柴香，溫暖的情意散溢。達爾湖的屋船是印度尚未脫離英國殖民地時，由住在這裡的英國人所建，英國人離開後，屋船被改為水上旅館，如今雖因年代久了而略顯陳舊，但仍看得出當時建造時的巧思用心，垂掛的水晶吊燈、厚實華麗的喀什米爾地毯、雕琢細緻的鵝黃色胡桃木家具，還有紅色絨毛的古典貴妃沙發、古玩、器皿，儼然發散出昔日奢華生活的風采。

大家陸陸續續地進來，圍坐客廳，期待船主揭曉神秘秀。只見船主拉開屋船客廳的木頭門，引兩位肩挑布包的中年男子進來，附在他們的耳畔交代兩句後，男子就蹲了下來，打開布包，啊，原來，這就是船主口中的秀啊！眼前的男子正對著我們表演台灣夜市常有的地攤秀，秀他包包裡的貨色要我們購買。

喀什米爾繪畫披肩雕像首飾盒、漆製的人偶動物，手工的布料皮件飾品，啊，眼前的東西多到不勝細數，看得人眼花撩亂，興味勃勃。賣東西的小販一個接著一個進場，推銷起來現實又帶勁，滿地異國情調的物品魅惑著人心，現場交易熱絡，一件純羊毛衣五百元，一個手鐲一百元，一件要價七千元的皮衣最後一千五成交，大夥蹲在貨物前挑呀挑，殺價殺得開心，買得開心，果真如船主所言，達到了娛樂的目的。而在接下來的夜晚，這樣的秀場將輪番上陣。

在四周環水的屋船上過夜，其實頗為有趣。喜歡購物的，在船上華麗的客廳裡看小販兜售物件，與他們說說話，殺殺價，買些便宜的古玩飾品，滿足自己。不喜購物的，也可到客廳裡品茶聊天，熱鬧熱鬧。

嫌吵、看膩了嗎？那麼就到船外屋簷下靜靜站一會兒吧，夜晚的達爾湖盛滿了潮濕的空氣，氤氳的雨霧游移縹緲，帶著達爾湖柔軟的夜態氣息，清冷、迷濛、纏綿，好像一個觸不到的夢境，忽遠又忽近。

達爾湖的湖街

下過一陣雨後，久違的太陽終於露臉了，原來一直徘徊在喜馬拉雅山頭的冷霧逐漸散開，金色的暖陽從山頭冒出，照亮了山腳下的達爾湖。

細瘦的西卡拉（一種兩頭尖，造型扁平的木船）輕巧地划過水面，載著我朝湖心而去，湖水乾淨清澈，低頭便可看見湖底蔓生的水草在水中搖曳，再將視線投向湖心，靜幽幽的湖心綠柳茂密，水上人家的小木屋在樹柳的掩映下隱隱若現。

達爾湖，有喀什米爾最美麗的湖泊之美譽，自古以來即有一群人在湖上定居，他們在水中填土造地，在人造的土地上植樹、種菜、造屋，特殊的生活形態，讓人興起諸多好奇。

船接近了湖心，湖上密植的綠柳簇擁著一棟棟低矮的木造小屋，三三兩兩的小船就穿梭在小屋間的水道上。搖槳的當地人說，在達爾湖蛛網密布般的水道上，西卡拉是唯一的交通工具，在這裡生活的居民，不論男女老少皆為划船高手；划著西卡拉，到水上市場賣菜買菜，划著西卡拉上學讀書，划著西卡拉上雜貨店。搖槳的當地人如此說著說著，就將船划到了一條較為寬闊的水道上，伸手指了指水道兩旁簡陋的店家說，瞧一瞧，這湖上最熱鬧的一條街。

「街？」順著他手指的方向，我好奇地張望著他手指的這條「湖街」。

眼望湖街，身著傳統服飾的居民們，正划著西卡拉在街上漫遊採購，有人將船泊在一間裁縫店前，拿著一塊布料與老闆討論著，有人船上東一堆西一堆地擺著沿途買來的肉類和蔬菜，準備離開，也有一些上了年紀的老人，划著划著遇見了朋友便停下船來，你一言我一語地聊了起來。再將視線投向湖街盡處，一棟兩層樓高，門上寫著「HOTEL」的樓房醒眼地立著，看了叫人不禁要想，那可是湖上最豪華的一棟房舍？

那是一條看了便讓人忘不掉的湖街，初訪達爾湖的我，心裡這樣想著，有點閒散、有點緩慢、還有一點陳舊的滄桑與一點點與世隔絕的味道，這些，是湖街給我的印象。

帶著這樣的印象流連其上，會讓人突然想起義大利的威尼斯，或是中國江南的水鄉，恍恍惚惚地陡然心生身在何處之感！

悲涼的嗓音

用餐後，屋船的主人帶我們到另一個空間較大的房間，大家圍成圈圈，席地而坐。

圈圈中央，坐著兩名樂師和一位歌者，他們將為我們演唱喀什米爾傳統民謠。

開場暖身的先是一串低鳴的鼓音；在樂師雙掌的催促下輕快地滑出，迅速填滿室內。熱切的鼓音吸引了大家的注意力，然後，一種類似烏德琴的弦樂器及人聲開始加入；琴音十分柔軟，宛如一條柔媚扭動的靈蛇，與沉穩的鼓音交互纏絞出動人的曲調，沙啞微瘖的男聲吟唱著，嗓音蒼涼，聽著聽著便似嘗到了某種難言的苦澀與酸楚。

接待我們的屋船主人說，喀什米爾原是渡假勝地，如今變得異常冷清。雖然他們積極振興日漸凋敝的觀光事業，遊客依然卻步不前。無法擺脫爭戰的陰霾，喀什米爾便沒有光亮的未來。

那略微酸苦的嗓音在腦海裡纏繞了一整晚。次日清晨，我站在船頭，湖面上，喜馬拉雅山的倒影清晰地映在湖水上，與水波一同蕩漾，不遠處，幾艘西卡拉靜靜地划過，與周遭的山光水影交織，美得如同一幅流動的風景畫。記得船主曾說：「喀什米爾是大自然的天堂；景色秀麗，物產豐盈，然而人類卻想以戰爭摧毀她！」我想，曾經到過這裡的旅人都不會忘記眼前的美景，會為她祈福；希望烽火早日遠離這媲美天堂的山水之邦。

不見女人的市場

「叩、叩、叩」，早上五點不到，屋船管家就來敲門。

我縮在被窩裡揉了揉猶自模糊的雙眼，「叩、叩、叩、叩、叩」，敲門聲愈來愈急地催促著，我趕緊起身回應那屋外的「人工鬧鈴」，猛然想起，別賴床了；今早可是約好了西卡拉，要去瞧瞧達爾湖的水上早市哩。

船在薄亮的天光中前進，我和益擠在細瘦的西卡拉上，只覺水聲潺潺，空氣裡的寒氣凝重，觸著了肌膚凍得人直打哆嗦。搖槳的船家遞上來一條厚實的羊毛毯，我偎著益，蓋著它，稍稍抵住了些風寒，搖搖晃晃地一路探向湖的深處。

霧氣籠罩在湖上，幾戶低矮的民舍立在寧靜之中，深邃的湖面顯得幽幽然，湖上的垂柳姿態秀雅，宛如古典美人，在朦朧中別有一番柔媚的韻味，船行其間，頗有一種遠離塵世、仙氣飄飄的不實之感。

每天凌晨四點不到，許多來自四面八方的西卡拉，便滿載著新鮮的蔬果，從不同的水道匯集到達爾湖的水上市場，聚集在那片水域裡相互叫賣。聽說，達爾湖市場最大的特色在於市場內清一色皆為男人，他們一面搖櫓前進、一面大聲吆喝交易的情景，形成一個相當特殊的男人世界。

走了一陣開始聽到了人聲，湖上的西卡拉漸漸多了起來，紛紛聚到了我們行進的這條水道，匆忙往前趕路。我們的船再向前划了一會兒便無法繼續向前，只見離市場不遠的幾條水道皆擠滿

了西卡拉，船隻的碰撞與叫賣聲此起彼落，一波接一波地響徹湖面上。

搖船的船家載著我們又勉強向前擠進一點，夾在一小撮聚集的菜販間，這下子，我與那些正在熱烈進行交易的菜市場男人靠得可相當近了，有了絕佳的視角。

仔細觀察他們的船貨，幾乎都以菠菜、高麗菜、花椰菜等蔬菜為主，聽他們粗聲地扯著喉嚨喊叫，沙沙的嗓音裡有一種勞動男人的草莽氣。再看他們進行交易時，身著寬袍大袖的那些喀什米爾男人會伸出手掌，彼此在掌心以手指比劃著出價，如此這般幾經較量後，彷彿達成某種傳心不傳口且只有彼此知道的協議，買賣成功的兩人便相互握手言笑，然後豪爽地點起水煙，你一口我一口輪流抽了起來。

那是我第一次來到喀什米爾的傳統市場，感覺上，少了女人身影的它，鮮明地散發出一種衝擊性的味道；強悍的陽剛中帶著一些不羈，灰灰舊舊的卻生氣蓬勃，洋溢著男人間互動、互懂的粗豪氣。

他們草莽般的活力漫溢在這片古老的湖水上，每一天，達爾湖的清晨都因他們而注入了活絡的朝氣。

喜馬拉雅四月雪

竟然下雪了！

連續幾日搖搖晃動在湖上生活，讓人不禁想念雙腳踏在陸地上的那種腳踏實地感。就在大夥兒開始叨唸著想上岸活動之際，我們的地陪也跟著宣佈將帶我們前往古納馬格參觀。

古納馬格位於喜馬拉雅高山處，海拔有二千七百多公尺高，與喀什米爾首府斯里納加相距約五十公里。聽說，古納馬格的意思是「草原上的花朵」，冬天時，那裡是白雪皚皚的銀色世界，春天雪融後，那裡的山谷和草地會是一片繁花盛開的燦爛美景，等到了夏天，古納馬格的涼爽氣候又讓它成了喀什米爾的避暑勝地。

「冬天玩雪、春天賞花、夏天避暑」，我在

腦海中想像著古納馬格的景致，心想：現在是四月春天，古納馬格，那草原上的花朵，此刻是否已換上了春的色彩，妝點著花的姿顏在等著我呢？

搭著吉普車終於上路了，離開湖沿著山路蜿蜒而上古納馬格，天氣開始轉陰，濕氣濃厚，沒多久，竟又下起雨！「怎麼又是雨？」我忍不住嘀咕起來，來喀什米爾幾天了，只看見一次短短不到半天的太陽，剩下的日子全泡在雨霧中，這一趟旅行真是「犯水」的嚴重啊！

當吉普車停在公路旁的一個間歇站，我打開車門，雙腳才剛著地，撲面而來的寒氣讓我禁不住瑟瑟而顫，抬頭看看天空，白花花的雪片正呼朋引伴飄灑下來。天曉得，這裡氣候的變化怎會如此劇烈，本來抱著賞花目的而來的我，並未穿足禦寒的衣服，在這春寒料峭的喜馬拉雅高山處，我簡直就要凍僵了。

禁不住寒的我趕緊躲進車廂，經久不癒的鼻炎又凍得噴涕伴鼻水地齊頭而來，向來不太喊冷的益也受不了地跟著我躲進來，望著撲簌簌落在車外的白雪，我心想：「怎麼竟然下雪了！在這離湖不算遠的山腰處，冬天根本尚未結束哪！」

吉普車又再次發動繼續向前，愈近古納馬格，蕭瑟的況味愈濃，放眼望去，只見鬱鬱的天空佈滿紛飛的細雪，未融的殘雪覆蓋著路旁的樺樹林，樺樹的細枝幹在雪中矇矓地像霧一樣，幾間尋常人家的小木屋點燃了爐火，在雪地中緩緩冒出熱氣，那是一種在台灣難得看到的陌生景象，予人新奇感受，好像一下子進入了常出現在小說、童話或電影的虛設場景；神祕、寂靜又深邃，大大滿足了第一次接觸喜馬拉雅山的我對它的幻想。

如今，只要提到喀什米爾，我總會想起那個下午，被喜馬拉雅的四月雪凍得像根冰柱子的自己，被吉普車載著在細雪紛紛的山路，喚起了新鮮感受的自己，還有最後，抵達古納馬格時，置寒冷於度外，豁出去地被益拉著奔向、撲倒在茫茫白雪的自己。

真不敢相信呢，竟然，自己歷經了一場喜馬拉雅山的四月雪哪！

喀什米爾式台菜

前三天還好，我們這群人都還保持著該有的氣度，不挑剔，不抱怨，可到了第四天，終於有人受不了。

先開頭的是位中年太太：「怎麼又是這款啊！」掩不住失望神情的她悶悶地這樣

說，與她同行的另一半也跟著一鼻孔出氣，提高嗓門抱怨：「怎麼都是這款菜？沒變化，吃都吃膩了。」彷彿隱忍了很久似的，站在餐桌前的夫妻檔端著尚且空空的餐盤眉頭深鎖，對於面前的食物絲毫提不起興趣。

周圍的人好像也受了他們的影響似的，跟著開始發難：「對啊對啊，天天吃這樣怎麼受得了？」「除了菠菜、高麗菜、花椰菜，可不可以變些其他花樣啊？」「沒變化也就算了，怎麼份量也愈來愈少，這樣，吃不飽啦！」不滿之聲此起彼落，大家就像是受了群聚感染似的你一言我一語地批評起來。

我拿著餐盤，看著餐廳大圓桌上排列整齊的七、八款菜色，清炒菠菜、高麗菜，川燙菠菜、高麗菜，咖哩菠菜、花椰菜，咖哩雞肉花椰菜、不然就是高麗菜湯，真的就如那幾位阿桑所言，雖然擺得一長桌，卻是沒啥變化、毫無吸引力的一桌菜，向來出門在外不太挑嘴的我，此時也胃口緊縮，心想：「有誰能來為我變出較為不同的一餐？」

其實，早在出發前，我就已經有了心理準備，這一趟來喀什米爾，遇見美食的機會可能是微乎其微了。

翻遍手邊與喀什米爾有關的介紹，除了茶，顯少談及該地有啥特色小食或傳統食物，還好，喀什米爾屬印度的一邦，所以在我的想像中，每日三餐至少應該能吃到烤餅或香辣的印式咖哩吧？可來到這裡後，基於安全考量，無法自由行動，每日起居、三餐皆固定在屋船上，且由同一位廚子負責。聽當地的地陪說，為了接待台灣的旅客，那廚子可是接受船主特派至台，學了幾手台菜料理的工夫回來，照顧台灣人的胃。

如果真是這樣，我望著眼前這桌喀什米爾式台菜，實在也太粗糙、太草率了！且先別說菜色了，它們的味道好像懶得斟酌般走味地厲害，就連那咖哩也像摻了太多水似的淡而無味，全然沒有印式咖哩的滋味。

然而，仔細想想，在這裡生活了幾天，多少體認到當地民生物資短缺的窘境。巧婦難為無米之炊，眼前這一餐，或許不是廚子不用心，而是找不到足以表現台菜特色的食材或佐料所致。在這個物質缺乏貧困的地方，眼前這一桌八菜一湯，在當地人眼中，應該已經是讓他們羨慕的盛宴了。

心裡浮起這一念，我那抱怨的念頭隨即放了下來，反而珍惜起眼前的一切了。

粉紅帕須米納

西卡拉載著我，搖搖晃晃地，又再度往湖心駛去，探訪達爾湖的另一面。

還是下著細雨的陰天。上船後，為我們搖槳的青年船家心情似乎不錯，索性哼起了喀什米爾小曲，歡快的歌聲喜洋洋地帶著一種開朗的年輕，以兜售紀念品為生的小販們突然間一個個變得精神抖擻起來，紛紛划著載滿貨品的小船，卯足了勁向準旅人，打算衝出一份好業績。

「嗨！看看我船上的好貨色，」一艘堆滿貨品的小船不知何時已悄悄接近了我，滿臉笑意的中年小販啪著一雙粗大的手，忽地揭開一條鋪蓋，獻寶似的秀出累累堆積的雜貨，「看看喔，我有胡桃木首飾盒、鑲了寶石的彎刀、羊皮背心、還有，」小販的左手右手忙個不停，對著我翻出一件又一件的寶貝，「妳看，純正道地的喀什米爾帕須米納喔。」喜愛圍巾披肩的我，聽見帕須米納的名字，馬上被挑起了瞧看的興趣。

曾聽人說，喀什米爾的帕須米納是羊毛中像珍鑽一樣的寶貝，當春天降臨時，生長於一萬四千英尺以上的喜馬拉雅山羊會自然地脫落腿下的絨毛，而被高山放牧的牧羊人拾起收集，織成柔軟溫暖的披肩或圍巾。一隻山羊身上脫落的帕須米納絨毛，據說一次只有三至八盎司而已呢！一想及此，我忍不住要在心裡估算，小販遞過來給我挑選的這些帕須米納，究竟需要多少隻的喜馬拉雅山羊呢？

見我興趣滿滿，搖槳的青年放慢了船速，由著小販對我推銷。「妳看，這是真的帕須米納喔，我秀給妳看！」小販說著說著拿出一只無名指大小的戒環，將一條粉紅帕須米納的一端塞進戒環，而後輕輕一拉，那粉紅帕須米納就這樣從容柔順地從戒環穿出，神奇極了。

那條粉紅帕須米納如今進了我的衣櫃，成了我的一項收藏。每回看見它，我總要花上一點時間細細品味：那細緻的羊毛纖維摸起來觸感相當柔軟，末端的結尾很扎實，緊密的網目看起來不會有劣質品般地稀疏鬆散，再將它圍在脖頸間，一種被溫暖呵護包圍的感覺馬上襲上了心頭，拿起鏡子照一照，清新的嫩粉色襯得自己，嗯，好像一下子年輕了好幾歲呢！

白楊樹

在我的喀什米爾回憶裡，總伴隨著白楊樹的身影。

一直覺得白楊樹是一種相當美麗的樹，它們有時成排林立，有時三兩結伴，在湖畔或是空曠的野地上，總是挺著筆直的枝幹，枝梗一律向上，就連葉片也是緊俏地片片朝上，靠攏成束，帶著一種聳立不屈的氣質靜穆地指向天空，我常想，如果樹木也有性格的話，那麼白楊樹一定是一種驕傲的樹。

在喀什米爾，白楊樹的身影隨處可見，特別是沿著達爾湖的湖畔。我還記得剛到達爾湖畔時，環湖的一排白楊樹，枝頭才剛吐出春天的嫩綠，遠望有著一股新生的清新，帶著一慣的優雅與一種淡然的詩意，溫柔撫慰人的心。那時，深綠清澈的達爾湖在它的圍繞下顯得格外寧靜，讓人很難想像離湖不遠的斯里那加會是動亂不安的地方。

後來，在一次前往喜馬拉雅山區的路途上，我見到了白楊樹的另一種模樣。那時冬天還未離開，路旁的白楊樹林一片枯枝，在深灰的天空下仍舊高腰挺立，舉向天空，更有一股傲然的況味，行車其間，偶然一兩隻黑色山鳥從中飛掠，發出幾聲沙啞蒼勁的低鳴，聽著聽著，像是傳送哀傷的氣息，在蕭瑟的天地之中迴盪著陣陣孤寂。

在我的喀什米爾回憶中，白楊樹有時清新而帶點詩意，有時傲然又帶著孤寂，它們妝點在喀什米爾的大地上，為那片土地增添了動人的韻味。

「世界的角落」

隔著十多年的時光回望，
我突然有些話想對當時的自己說：
許多真正美好的東西不在遙遠的地方，
而是在妳身旁。

Somewhere in the world

塞尚的畫室

那房子位於一道起伏的小丘上，穿過一扇敞開的門就來到它的庭院，庭院不大但相當雅緻，綠梧桐與紅薔薇點綴著院落，不知躲在哪裡的鳥兒正不停地唱著流利的歌。

房子是普羅旺斯式的風格，南法特有的橘黃色調讓它看起來明亮而年輕，就像不久前才被主人粉刷過似的。在艾克斯，這房子的式樣雖屬平常，然在艾克斯人的眼中它可是非比尋常，因為他們都知道，房子的主人是保羅塞尚。

當年，不受畫壇重視的塞尚從巴黎返回故鄉艾克斯，蓋了這間房作為畫室。雖然塞尚現在不在，但他的畫室仍舊保持著當年的模樣，整個陳設看起來就好像塞尚只是暫時出門旅行，沒多久就會回來一樣。

塞尚不在的畫室留著他曾用過的許多東西，看了讓人覺得親近。比如，臨窗的角落留著他用過的畫筆、調色板，還有一張休息用的木頭躺椅，椅子旁的衣架掛著他常穿的長大衣、手杖、還有放畫具的大包包，上面沾滿了星星點點的顏料，隱隱讓人聯想起大師生前不修邊幅、認真作畫的景況。

畫室對門的一排架子陳列著許多瓶子和陶器，聽說這些陶瓶都是當時塞尚親手佈置以為習畫之用的。而整個畫室最引人注意的莫過於那些放在盤子裡或桌布上的蘋果了，每個看見它的人都要忍不住地停下來，與手上的塞尚畫冊比對一下，或是彎下腰，對著它細細品評，像是在說：這蘋果可是塞尚最喜愛的主題呢！塞尚的畫筆就像上帝的手指一樣，活化了這些蘋果哩！

那是一間讓人走進去就會想起什麼的畫室，置身其中慢慢地就會陷入一種追憶的氛圍，讓人自然想起，當年，不受畫壇重視的塞尚並未灰心而放棄自己的理想，反倒在此造起這間畫室，走上了反印象主義的道路，不理會當下潮流而執著於自己的繪畫理念與境界，最後終成受人景仰的一界大師。

我站在窗邊看著眼前大師用過、喜愛的一景一物，不由得就要這樣想：現在窗外的陽光這樣好，如果塞尚還在，他一定又要穿起那件長大衣，再背上那只裝顏料畫具的包包到戶外，繼續畫他熱愛的主題；藍天、綠林，還有離畫室不遠的聖維克多山。

梵谷咖啡屋

快到中午的時候，我來到亞爾的舊城區，五月的陽光淡淡照亮了這裡的老房子，讓它們看上去顯得相當溫柔和詩意。走進市府廣場，廣場上的噴泉嘩啦啦，送出了陣陣清涼，準備回家吃中飯的人腋下夾著、手上拎著枴仗麵包從我身旁經過，誘得我心想，自己也該找個地方歇息一下。

繞過噴泉鑽進窄巷又出來，小廣場旁一間漆成黃色，有著黃色帆布遮蓬的咖啡屋突然閃進了眼裡，正午的陽光打在它身上將它映得更加鮮黃明亮。忍不住地我輕呼一聲；眼前的咖啡屋應該就是梵谷所畫，那間著名的咖啡屋吧。

那是梵谷搬到亞爾時的作品，南法夏天特有的太陽驅散了梵谷的憂鬱，改變了他的

畫風，讓他的畫愈來愈有新境。亞爾時期的梵谷走進大自然，常沿著田地的行道樹，戴著大草帽，畫他心中的麥田、草堆、鳶尾花及向日葵，還有亞爾夜晚的星空、街道和咖啡屋。他筆下那些像是快樂又像是神秘的金黃與寶藍色，總能予人強烈而直接的感受；就像要領著人們去看見一個新鮮而奇異的世界。

咖啡屋幾近座無虛席，空氣裡充滿了咖啡的氣味與嗡嗡的人語聲。勉強擠得一個空位，偎著好不容易等到的小圓桌，我在梵谷咖啡屋簡單用了一份餐，心裡想著，這樣的梵谷咖啡屋與我想像的梵谷咖啡屋實在相去甚遠；名氣帶來了擁擠與喧囂，少了梵谷畫中該有的抒情與神秘，坐沒多久我便起身離去，打算到了晚夜，等人潮散去之後再來。

太陽落下之後，我又再度來到梵谷咖啡屋，那時咖啡座上只寥寥坐著幾個人，老黃的街燈從鑄鐵的燈罩射出來，周遭的景物看上去全都沉浸在一片朦朧的光線中，好像有些故事在靜靜地流瀉出來。我想起梵谷當年，孤獨的一個人揹著畫具來到這裡，默默畫下這個咖啡屋的動人夜景。那幅畫流傳至今，成了世上最珍貴的畫作之一。

可他自己在當時，卻不被人重視、接受，成了別人眼中割下自己耳朵在街上遊蕩的瘋子，被關進精神病院，最後，自殺，悵悵然結束自己三十多年的短暫人生！

瑪雅的房間

屋子的女主人在我面前走著，引我來到一個種著仙人掌的院落，我的心情有點緊張，因為這是自己與女主人的初次會面，也因這間屋子不凡的響亮名聲；它，是畢卡索當年在瓦洛里創作陶藝時住過的地方。

到法國住民宿，體驗簡樸的民宿風情一直是我到法國旅遊的願想之一，經由旅遊資料得知這間位於瓦洛里的民宿，在與屋主以E-Mail幾番往來後，我訂下了一間房，決定旅行到瓦洛里所在的蔚藍海岸，看看畢卡索曾經待過的地方。

那時是南法的初夏，暖陽已將瓦洛里的天空照得豔藍，身著白色洋裝的女主人相當高雅親切，與她並肩走著，感覺到她其實和我一樣也是有點緊張，不停以英語和我說著話，想找些什麼來緩和情緒般。

屋主說，經過一番機緣，她得到這間畢卡索曾經用來創作的房子。當年，大戰已經結束，畢卡索遷居來到蔚藍海岸的瓦洛里，這時的他，一方面享受著平靜美滿的家庭生活，一方面受到晴爽蔚藍海岸的感召，心境變得安詳和諧。年屆古稀之年的他發現，瓦洛里的土質非常適合陶器創作，於是他開始向當地的匠人學習製陶技術，同時又融入了個人的藝術創新，不僅成就了他的另一波創作高峰，也讓瓦洛里成了知名的陶藝小鎮。

就這樣說著說著，女主人帶我來到一間房，再遞給我一把木頭鑰匙說：「瞧瞧這間名叫『瑪雅』的房間！」「瑪雅？不是畢卡索的小女兒嗎？」正當我心裡納悶著，女主人好像看出我的疑惑，便接著說：「改裝成民宿之後，我便以畢卡索的妻子與兒女來為各個房間命名。」

那是我第一次聽到畢卡索在瓦洛里的故事，第一次走進他曾經創作的工坊，還有住進這間名叫瑪雅的房間。雖然，這裡已不復當年景象，但身為畢卡索的粉絲之一，有緣住在大師也曾住過的房子，感覺就像與他有了較為親密的接觸般，心底早已感動不已了。

而為了迎接我的到來，房間裡灑了清新的香氣，床上鋪了印有美麗小花的乾淨床單，還有兩個方方蓬蓬的大枕頭，惹得我忍不住走過去拍了拍，好鬆、好軟，好像向我預告著今晚我如果躺下來枕著它們，就能擁有一整夜好眠。

遙遠的地方

三毛寫的《橄欖樹》一直是我十分喜歡的一首歌。它的旋律輕柔，由齊豫演唱起來，宛若一個縹緲的夢境，聽著聽著，一顆心就跟隨樂音飛揚，來到了夢境中。

「不要問我從哪裡來，我的故鄉在遠方，為什麼流浪？流浪遠方？」記得初聽這首歌時的年紀是十六歲，一點疑惑，一些嚮往，像一圈圈的漣漪在心湖上盪漾；三毛寫的遠方有多遠？流浪在遠方是種什麼樣的滋味呀？年輕的女孩愛作夢；我常邊聽這首歌，邊幻想外面的世界，繁重的課業像座令人窒息的塔罩著我，《橄欖樹》與三毛的書常在課業之餘陪伴我，度過許多煩悶的時刻。

高三那年，三毛到學校演講，驚動了全校師生，活動中心裡擠滿了人，期待目睹三毛的丰采。當時，我坐在台下，聽三毛講西班牙，講撒哈拉，講異國鮮活的趣事，恨不得馬上生出一雙翅膀，飛到那些遙遠的地方，體會她筆下描述的世界。

大學聯考時，我刻意避開中南部的學校，只選填北部的，應該是受了三毛的影響吧；「在台北就學，離南部家鄉會很遠」這樣的選擇稍稍填補了那時的我心中對遠方的渴望。然而，台北畢竟還是太小，逛久便膩了，我渴望比台北更遠的遠方，熱望去探觸更遠的事物，遠方吹起了熱烈的笛聲不停地呼喚著我。

大學畢業後，我刻意選了空服員這個職業，期待藉由工作之便，走看令我嚮往的世界。邊工作邊旅行，我到過許多國家，見到三毛筆下的西班牙、橄欖樹、沙漠、海洋，圓了少女時期的夢想，也多了一些感觸。

幾天前，從收音機傳來了《橄欖樹》這首歌，由一位新生代的女歌手翻唱，聲音別有一番滋味。她的歌聲帶我回到過去，看見那個總想到遠方去追尋什麼，總以為美好的東西在遠方的自己。隔著十多年的時光回望，我突然有些話想對當時的自己說：許多真正美好的東西不在遙遠的地方，而是在妳的身旁；那些妳熟悉的事物、家人或朋友。在異鄉流浪多年的三毛最後還是回到台灣這塊她生長的地方，我想，還是因為這裡是她心中最美好的故鄉。

亞維儂之歌

女高音明亮勻稱的歌聲彷彿一抹溫暖不刺眼的陽光，照亮了亞維儂教皇城廣場的小角落，吸引過往行人駐足、傾聽。接著，宛如織錦一般，豎笛、單簧管、手搖鈴組成的小樂團漸漸加入，與人聲反覆交織成恬淡清新的曲調，讓人沉醉；好像置身陽光照耀下的青翠田野。

那場與音樂美麗的邂逅在我心裡留下了深刻的印象。從法蘭西旅行回來，我馬上奔入唱片行，憑記憶，咿咿呀呀地哼著殘缺的曲調，請店員為我指點迷津。結果，那餘音不絕於耳的旋律原來是康特魯伯編寫的「亞維儂之歌」。

康特魯伯是一位從法蘭西鄉村土壤中孕育出來的音樂家，對民俗音樂懷抱濃厚興趣。他自法蘭西各個省份中搜集人們世代相傳的歌謠共數百首，搶救、保存可能失傳的寶貴旋律。「亞維儂之歌」收錄的便是普羅旺斯地區古老的歌謠。如牧羊人在山巔的情歌對唱、鄉村少女悠悠吟唱失去戀人的憂傷、風格獨特的亞維儂舞曲，精巧的編曲像畫一樣，描繪出南法繽紛多變的田園風貌。

每回重聽「亞維儂之歌」，那質樸的旋律總能觸動我心中那根細微敏感的心弦。我想那是因為：康特魯伯欲將對故鄉熱愛之情注入曲中，傳遞給聽者。而我，一個居住城市的異鄉人，聽出了他的弦外之音；因而被撩起濃厚的思鄉情緒吧！

初詣

在日本，每年元旦，許多善男信女會自遠方前往傳說中的靈廟、神社，拜佛求籤，為新的一年求取好采頭。這樣的行為，日文稱之為「初詣」。據說，成田山新勝寺是日本著名的神社之一，每年都會吸引無數的人前來求神許願，而且還相當靈驗哩。

年底，恰逢工作之便能在成田市短暫停留，度過日本的除夕——大晦日，我早已決定，趁千禧巨龍尚未睜開雙眼、晨光尚被黑色夜幕阻隔之際，早起並招呼友人，搭乘事先預約的計程車，前去新勝寺，用虔敬之心，迎接千禧年的第一道曙光。

友人說，除夕夜，新勝寺前表參道兩側的商店，將會張燈結綵。我開始想像：在燈火輝煌的街道上，一定有許多通宵不眠的人，如我一樣，徒步慢行，前去寺廟求取靈籤吧？我已經想妥即將許下的三個願望：一願歲歲年年，月圓人圓。二願喜樂常在，平安健康。三願世界和平，沒有戰爭。

我將隨著人潮，到達廟堂，然後雙手合十，虔敬求佛，問籤之後，將白色籤紙繫在寺廟旁的許願樹上。我的三個願望，清清淡淡的，佛應該不會吝於助我實現吧？

沒有豐盛的大餐、徹夜的狂歡、雄心萬丈的計畫，對我而言，在異鄉的寺廟，用虔誠肅穆之心祈福，雖然平淡無奇，卻也是一種難得的經驗。何況，日本友人還說：「能在新年之初，看見黎明的第一道曙光的人，在新的一年裡，都將一帆風順哦！」

曲巷裡的焦糖布丁

至今我仍清楚記得，哥多巴小巷裡那客焦糖布丁的味道。

那天下午，參觀完著名的阿拉卡薩後出來，原本碧澄如洗的天空，突然暗沉下來，大塊的烏雲遮蔽了陽光，驟降的氣溫冷得人直打哆嗦。

天冷讓人想吃，氤氳飄出的食物香氣帶著我，在曲折的小巷內找到一家小館。

鑽進之後坐下來，鄰桌客人正享用著的一碗熱騰騰的布丁引起了我的興趣，便向老闆點了一份。

布丁，是一種老少咸宜的食品，源自英國。相傳，十六世紀，英國取得海上霸權後，常為長時間航行所需的食糧傷透腦筋。當時，服役船上的一位料理長偶然間靈機一動，將吃剩的麵包屑與麥粉、雞蛋相混，再用餐巾紙包起來蒸熟，吃的時候灑一點芝士粉，口感竟然不錯，此即最早的布丁。

之後，布丁的製法從船艦傳到一般家庭，巧手的主婦又將布丁改良，添加牛奶、米、香料等，或

蒸或烤，演變成如今豐富的模樣。

還記得那碗剛出爐的焦糖布丁端到我面前時，自己迫不及待地馬上舀起一匙來嘗，烤得酥酥脆脆的焦糖薄片入口即化，香腴濃醇的溫熱蛋汁柔順地從食道滑入胃囊，在體內泛起陣陣暖意。

旅途中，偶然巧遇的美食總最令人難忘，就像哥多巴小巷內的焦糖布丁。日後，只要提起西班牙，我總會不由得憶起它，與那甜美的滋味。

娃娃樂陶陶

記憶旅行的方法有許多；有人用文字記錄旅途見聞，有人用相機拍照留念，還有一種人以購買紀念品為樂；異國新奇好玩的小東西常是他們最津津樂道的事。我也屬於「紀念品收藏族」的一員，旅行多國的收藏品中，以陶土燒製成的人偶是我的最愛。

我收集的人偶來自許多國家，他們多是造型可愛的小陶娃，帶有濃厚的異國色彩。我將他們集中收放在一起，朋友來訪時常忍不住帶他們去看，獻寶似的宣稱：瞧！這是我的娃娃共和國。

娃娃共和國的元老是一位來自威尼斯的老教授。七年前，我在麗雅德橋畔的一家小店遇到他，頭戴學士帽，身披黑色學士袍，手拿著一張紙專注地閱讀。看到他後，我馬上決定帶他回家；於是他成了我的第一件收藏。後來，陸陸續續地，我又旅行了許多國家，在旅途中邊走邊買，逐漸增添了許多小陶娃。

比如，一身粗布長袍的聖芳濟修士是我在希臘克里特島買的，還記得當時自己為了避雨躲進一家藝品店，因而發現了他。有一年在西班牙格瑞那達看佛朗明哥舞，勁歌熱舞像一團火不停地在我腦海中燃燒，於是離去時在巷弄小店內選了一個持扇舞蹈的人偶，以紀念那場精彩的表演。法國的普羅旺斯一直是我最喜愛的地方；那兒的陽光、田野、小城像發光的珠寶，充滿吸引力。我有幾個在亞爾買的彩繪娃娃，做工細緻，鮮活的色彩讓人想起了那片陽光燦爛的大地。

二〇〇五年四月我去了一趟印度，穿著彩色紗麗的女子，衣衫飄飄，遠看像飛揚的花朵點綴德里街道；那是我想像中印度的一景。回國時便帶回一個穿紗麗的娃娃紀念這次印度之旅，我的娃娃共和國因此又加入一名新成員了。

我的那些娃娃們其實都不是價格昂貴的物品，但他們在我心中的價值卻是無可比擬的。每一個陶娃都象徵一段珍貴的回憶，他們的手中握有鑰匙，為我打開記憶之門，重溫美好的回憶。

夢酥酥提拉米蘇

美食王國義大利，向來是饕客津津樂道的地方，披薩、義大利麵、芝士、松露等，千變萬化的美食不僅豐富了義大利人的餐桌，更收服了外來遊客的心，讓人一嘗便念念不忘；好比提拉米蘇，就是一種令我百吃不厭的義式甜點。

提拉米蘇，Tiramisu，義大利語意為「拉我起來」，其濃烈的Espresso咖啡風味有提神醒腦的效果，吃了讓人精神振奮，因而得名。

據說，十八世紀時期的威尼斯是提拉米蘇的起源地，當時的威尼斯人熱愛點燈夜遊，為了提供身體熬夜所需的體力，於是威尼斯人想出了一種營養補給品：在浸了Espresso咖啡的手指餅乾上鋪一層厚厚的馬司卡邦甜芝士，夜遊時隨身攜帶著食用，以備體力不支。

記得與這道甜點初次邂逅的地點，恰好也在威尼斯。那時，我一個人在蛛網盤結的羊腸小巷遊蕩，尋找古城的風華，然而，逛著逛著漸漸迷了路，離同伴相約的麗都橋似乎越來越遠。收拾起悠哉的心開始在巷弄間亂轉，覺得自己像一隻沒頭蒼蠅似的始終飛不出迷宮般的古城。陽光熾熱，照得人皮膚發燙，因迷路而心慌的我，經過街角一家咖啡屋，索性推門進去，尋找救兵。

那是一家裝潢十分獨特的咖啡館，空氣中混合了強烈的咖啡與煙草味。友善的店主人見我進來，招呼我到一個角落坐下來，她的笑容稍稍安撫了我那急躁的心。拿出地圖，我趕緊向她問明麗都橋的方向，豈知，它離我原來僅幾呎之遙，穿過隔壁窄巷就到了！心情放鬆之後的我頓時覺得口乾舌燥，熱心的老闆娘推薦我來一杯冰涼的卡布奇諾及自家巧製的Tiramisu。

軟綿的口感入口即化，苦中帶甜的香濃滋味瞬間在齒舌間散開，初嘗提拉米蘇的我，早已忘了適才的驚慌，整個人沉浸在美味的幸福中。

提拉米蘇的滋味就這樣一直深留在我的記憶裡，成為那一回我從義大利帶回來的紀念品中，值得珍藏的一件，而我的美食經驗亦因此又增添了新的一頁。

卡蒙貝爾起士

每回到法國，最想逛的地方，便是市場了。一踏入市場，感覺就像走進了神秘的味覺寶庫；林林總總的各色食品蘊藏著發現不完的樂趣。

比方，有一回遊逛諾曼地盧昂的市場，逛著逛著，來到起士專賣店，百種以上的起士立刻引起了我的好奇，當下決定，挑一種雪白扁圓型的起士試試看，一嘗，竟意外順口；起士本身的口感平滑細緻，味道柔而均匀，十分鮮醇。

後來問明，那種起士，喚做卡蒙貝爾（Camembert），是諾曼地響叮噹的特產哩。一位法國的美食家曾說：「沒有起士的一餐，如同少掉一隻眼睛的美女。」此話足以說明，起士在法國餐桌上地位的重要了。

法國的起士種類驚人，據統計高達六百餘種，而諾曼地的Camembert，則有「起士中的明星」之稱。關於它的由來，據說與修道院的僧侶有關。

中世紀歐洲黑暗時期，僧侶或修士避居圍牆高築的修道院內進行研究，製作各種口味的起士，Camembert便是由一位僧侶所作，然而，當時法國境內的起士製作是不可公開的獨門秘密，乃屬僧侶私有。後來，一位農婦意外地從某僧侶口中得知

Camembert的製作方法，實驗成功後在民間廣為流傳，即為今日的Camembert。

那一次品嘗Camembert的經驗，讓我從此喜歡上它的滋味。新鮮的Baguette麵包搭配Camembert是我最愛的一種吃法；紮實柔滑的雙重口感嚼起來，勁味十足呢！

在Saint-Guilhem遇見一隻拉布拉多

早上九點不到，我們就開車來到了Saint-Guilhem。想必是時間還早，整個村子似乎尚未清醒，街上看不到一個人，也沒有一家商店拉開店門，只有陽光，暖烘烘的，一片燦爛迎人。

書上說，Saint-Guilhem是個建於西元十一世紀的中世紀小村，它的興起主要是因大約西元八百多年時，一位名

叫Saint-Guilhem的修士在此地傳道立說，身故後為了紀念他，人們便在他的埋骨之處建了一座教堂，往後陸陸續續來了許多朝聖的人，以教堂為中心在此定居而逐漸發展成村落。

不知為何，我對中古歐州的人文藝術向來感到好奇，到歐州旅行，不論宗教傳奇故事、雕刻繪畫建築，還是古城古鎮古村，這些，總能引起我的興趣。那一趟到南法旅遊，讀到書上對Saint-Guilhem的描述，便決定了非到這個小村一遊不可。

沿著狹窄的路開始我們對這個千年古村的探遊，一路上我好奇地東張西望著，那以石頭砌成的小拱橋、斑駁的石造矮房、蒼白風化的圍牆屋瓦，以及靜得足以聽到自己腳步聲的石鋪小徑，一一被我收進了眼底，大大滿足了我對中世紀風情的嚮往。就在我們納悶怎麼還未看見紀念聖人的小教堂，察覺已然迷路時，一隻黃色的拉布拉多犬忽地從一條小岔路朝我們衝了過來。

由於太突然了，當下嚇得我們馬上貼牆而立，搞不清楚來者究竟是敵是友，只能睜大眼睛盯著牠，緊張地連一根指頭也不敢動。黃色拉布拉多接近我們後，可能是感覺到我們被牠嚇著了，旋即搖了搖尾巴，吐出肥厚的紅舌頭，湊過來，頭挨到益的褲管邊磨磨蹭蹭，親熱的動作馬上消除了我們的戒心。

益伸手搔了搔牠的頸，拍拍牠的頭，相當親人的牠一點也不害怕陌生人，滿足地在我們腳邊繞來繞去。我們繼續拾步向前，牠也隨行在側，像是善解人意，又像個體貼的地陪似的，一直陪著我們，找到了那座羅馬式的小教堂，轉過好幾個街角，經過一排排的老房子，再穿過一條塗滿了蜜黃陽光的蜿蜒老街，直到我們出了村口，牠才搖著尾巴離去。

我一直忘不了那一個晴朗天，我在南法的Saint-Guilhem，見到的那座小教堂、老房子、靜得只有腳步聲的千年石板路，特別是，半路上加進來陪我們遊村的拉布拉多犬，有點突如其來卻又那麼和善可愛，不僅適時地解了我們的迷途之苦，更為我們的旅途增添不少樂趣，喜愛天馬行空胡思亂想的我，忍不住就要這麼想：難不成牠是受了聖人的指派，特來為我們兩個遠到而來的朝聖客，指引方向的？

我拿出在Saint-Guilhem拍的照片，一張張看著看著，回憶領著我，恍恍忽忽地好像又回到了那一天，有拉布拉多相陪的快樂時光。

布列塔尼可麗餅

喜愛法國的人，相信一定有人和我一樣，視法國如美食國度裡的「麥加」，心心念念地，每隔一段時間，就想再次前往。

也相信一定有人和我一樣，對美食的起源地、背後隱藏的傳說、逸趣，懷抱遏抑不住的好奇而專程前去當地，探探、看看，享受美食，同時品味它獨特的文化意涵。

為了一探可麗餅的原貌，我來到了法國布列塔尼半島；這裡，人稱「可麗餅的故鄉」。

提起可麗餅（Crepe），我想國人並不陌生；通常，是在圓形鐵盤煎成的薄餅上鋪層果醬或灑上芝士、火腿，捲成易拿的三角型，熱呼呼地嘗起來香脆可口，很討人歡心。

然而，傳統的可麗餅，不論外型或滋味，皆與台灣所見的不同。可麗餅在布列塔尼，不再是街頭小吃，而是餐館裡堂而皇之的招牌菜呢！

布列塔尼的可麗餅，不論甜或鹹皆用料紮實，好比我最愛的綜合口味，餅皮薄而Q，加入洋蔥、番茄、芝士、蘑菇後，折成四方型，內餡豐滿而營養，吃完後可是相當飽足呢！

而這裡的居民，也常以可麗餅取代麵包，有時，甚至可以一次做好幾百個，供全家人一星期食用。

關於可麗餅，還有一個有趣的說法：右手握著錢幣，左手拿一只平底鍋，然後，將煎好的可麗餅往上拋出，如果可麗餅能保持原狀地落回平底鍋中，則象徵好運將至，財源廣進呢！

TZAIZIKI

多年前到希臘旅行，在一個名為納普林翁的小鎮餐館裡，初次嘗到嚮往已久的優格沾醬（TZAIZIKI）。

那沾醬，以濃郁細密的優格為基底，調入切成細絲的黃瓜、蒜泥及海鹽，再淋上幾滴初榨橄欖油，看似簡單，但吃在嘴中，黃瓜清甜爽口，蒜泥溫和不嗆，香醇厚實的優格極具彈性。

那一天，在納普林翁的小餐館，偎著一扇有海景的長窗，一面深深傾倒於TZAIZIKI多重豐富的滋味，一面陶然沉醉於海藍天藍的亮麗景致中，味蕾跟心底皆不由得歡暢起來。

對TZAIZIKI一嘗入迷的我，在後來的旅途中，幾乎餐餐無TZAIZIKI不歡，用麵包沾著或直接用湯匙舀著吃，不到盤底朝天不忍停歇。

崇尚自然的希臘人，烹調食物時也力求自然簡單，菜餚多以燒烤、涼拌等做法完成，呈現素材的樸實原味。

正因講求簡單自然，希臘菜在食材的選擇上便特別注重新鮮度，好比TZAIZIKI，優格由最新鮮的牛奶打成，再加入調配適中的嫩黃瓜、橄欖油等，乍看平凡素樸，然而嘗起來，一種完完全全、自自然然的直截香醇直擊舌尖，讓人戀戀難忘。

幾天前，和一位剛從希臘歸來的朋友，閒聊旅途見聞，其中，令她難忘的美食經驗，竟然也有TZAIZIKI！

「真想再去一次呢！」朋友的嘆息也道出了我的心聲：真該再遊希臘，找一個藍天碧海繞圍的小館，吹著海風，重溫TZAIZIKI的滋味。

藏著愛情的麵包

米蘭是義大利的時裝設計中心，更是許多美食愛好者不願錯過的地方，記得自己第一次到米蘭，心裡早就想好了，將時裝與美食列為兩大目標。

雙眼忙碌捕捉米蘭服飾風采的我，也不忘留心街上的糕點櫥窗，因為有一種自己相當喜歡的水果麵包，Panettone，它的發源地就在米蘭。

宛如義大利明星麵包似的Panettone，是最受義大利人歡迎的一種麵包，它的外型高聳呈圓拱狀，看起來就像一頂廚師的高帽子，每逢歲末耶誕時節，每個義大利家庭都會以它作為耶誕節慶的點心。

我在城裡逛著，發現自己心儀的麵包店後，旋即買了剛出爐的Panettone來嘗，原產地做的真的比其他地方好吃呢！內含橘子、杏桃、葡萄糖與檸檬皮等豐富內餡的Panettone，熱呼呼地用手掰開來馬上飄出清新的果香，烘得鬆發輕軟的質地柔柔地在口中溶化，一嘗便讓人愛不釋手。

聽說米蘭人相信Panettone是藏著愛情的麵包，原因是很早很早之前，有一個米蘭貴族，愛上了一個麵包師的女兒，為了贏得佳人的芳心，貴族於是假扮成麵包師傅發明Panettone，藉此接近佳人。

當然，幾番曲折後，貴族終於如願抱得美人歸，而那因追求愛情而發明的Panetton也被流傳了下來。

可能就因這樣的故事吧，才讓我對Panettone念念難忘，總覺得嘗它的時候除了麵包本身的美味之外，似乎還嘗出了一點點愛情的浪漫！

木偶小鎮柯洛狄

故事是這樣開始的：老木匠櫻桃師傅找到一段木頭，這段木頭會哭會笑，像個娃娃般，於是，櫻桃師傅便將那段木頭送給老友杰佩托。孤獨的杰佩托決定把這段木頭刻成一個呱呱叫的小木偶，取名皮諾丘。

離開盧卡，朝柯洛狄（Collodi）小鎮前進的旅途中，《木偶奇遇記》的故事，一直在我的腦海中縈繞著。這是一個家喻戶曉的童話故事，改編成的卡通或電影，一直深受兒童歡迎。邊想邊走，沿著絲衫夾道的鄉間小路徐行，童話的創作地，柯洛狄，隱隱若現於前方的小山丘上。

提起柯洛狄小鎮，讓人不得不提這本童話的作者，卡洛．柯洛狄（Carlo Collodi）。

卡洛．柯洛狄原名卡洛．羅倫西尼（Carlo Lorenzini），一八二六年誕生於義大利佛羅倫斯鄉下的一個廚師家庭裡。當他於教會學校畢業後，為了紀念母親，便以母親出生長大的小鎮柯洛狄為筆名，開始在報紙上發表短篇小說、隨筆及評論。

後來，因一次偶然機會，柯洛狄開始為羅馬出版的兒童雜誌撰寫長篇童話《木偶的故事》，刊出後獲得廣大迴響。故事連載完畢後，在佛羅倫斯出版單行本，改名為《皮諾丘奇遇記》，之後，這部童話陸陸續續地被譯成二百多種語言版本，柯洛狄並因此成為聞名於世的兒童文學作家。

依循指標，我來到了鎮上最知名的景點，皮諾丘公園。

這個美麗的小公園，簡直就是依童話內容量身訂作；走進它，就像走進小木偶童話的故事空間：孤獨的老木匠杰佩托正將一段櫻桃木雕刻成一個呱呱叫的淘氣小木偶，一心夢想變成真人的小木偶，帶著他的夢，離開老木匠，途中，騙子狐狸和貓出現了，美麗的藍仙女出現了，馬戲班子、張嘴的大鯨魚、磨坊驢子一個接一個地出現了。

園內有上百件模擬故事情節的人物雕塑或馬賽克拼圖，時而活潑，時而細膩，帶著童話裡才出現的天真想像和夢幻氣息，常出期不意現身轉角、綠蔭或迴廊處，活靈活現地突地讓人憶起童話的某個片段，要人會心一笑。

參觀完皮諾丘公園，一道美麗的蜿蜒石階又引我來到迦佐尼別墅。從高窗漫淹進來的燦爛陽光映亮了通向廚房的走道，順著陽光走進廚房，百多年前，這裡，便是柯洛狄創作《木偶的故事》的地方。

明燦燦的日光照得廚房內的赤陶地板發亮，不大的空間內擺著一張洗刷乾淨的松木

餐桌、幾張保存完好的長背椅，餐桌對面的牆上鑲著一個大壁爐，還有幾件鐵製的廚具零星散落在角落。

同行的益看了這裡納悶說：「為何柯洛狄會選擇廚房這樣一個油煙吵雜的環境來寫作？」我看了一眼手中資料，上面並未說明，然而，卻不由得想做這樣的猜想：或許，出身自廚師家庭的柯洛狄，對家人及生長環境有著深深的眷戀，因而不但以母親的出生地為筆名，更以從小便熟悉的廚房為寫作地，以此慰藉自己對故鄉、家人的思念之情吧！

暮色降臨前的黃昏時分，我又回到了鎮裡，沿街亮起的路燈為這個安靜的童話小鎮增添了溫暖的情調。離公園不遠的地方有一間名叫「紅蝦」的餐廳，是我此行的最後一站；餐廳裡有道地的托斯卡尼菜，可是許多旅人不願錯過的佳餚美味呢！

像鼻子一樣，聞香

格拉斯這個小城總難免要人想像。

一個隱蔽在山坳裡的小山城，四周是陡坡的丘陵與綿延數里的山谷，遠遠看它，沒有凌駕群屋的大教堂、富麗堂皇的城堡或是宏偉的建築，整座城沿著山坡分佈，看起來有點隨意的鬆散，然，簡單不見得不能深刻，鬆散有時反而是種灑脫，別小覷格拉斯這樣一個其貌不揚的小城，它不需招搖便已聲名遠播，自古以來即是香水界中的帝王，統御著一大片又一大片發散香氣的神秘花田。

你不妨想像一下，一個四周包圍著花田花園的小山城，空氣裡常浮動著清甜的花香；三月的風信子，四月橙花開，五月催開了滿園的玫瑰花海，八月一到，美麗的白茉莉又喧喧嚷嚷鬧滿枝頭，自古以來即為香水調製聖地的格拉斯，總懂得趕在最佳的時刻

將那些大自然的天然花朵採摘下來，再以最精煉的萃取法保留住那些原野花香，交由受有嚴格訓練的調香師，調配混合製造出一款款全球風靡的頂級香水。

花海、花香、調香師，在逐漸接近格拉斯城的路途上，我心裡對格拉斯的期待也逐漸愈漲愈高，滿心都是對這個城鎮的旖旎想像，特別是那身份特殊又稀有的調香師（又暱稱為「鼻子」）。據說，全世界的調香師不超過四十人，且大部分都在格拉斯，他們的工作有點像中國古代的煉丹士，在一間間小小的聞香室裡，東聞西嗅，調製秘煉，大膽假設，小心求證，找出黃金比例，製造足以流芳百世的香味配方。

想要一窺香水的提煉過程，在格拉斯有一條便捷途徑，那就是到城裡的香水製造工廠報名參觀。

弗拉哥納爾香水工廠，這家格拉斯的百年老字號，建築顯得相當含蓄，如果不是認出了它在街角露出的那一點點的葵花黃，我幾乎就要錯身而過。

走進之後報了名，我跟著來自其他國家的旅人，開始了一趟神秘的香水製造之旅。

香水的製造過程遠比我想像的複雜，一小瓶香水的誕生是需要整大籃現採現摘的新鮮花朵，在黃銅的大鍋裡經由熱油的攪拌、沸水的過濾、機器的壓榨，再攪拌、再過濾、再壓榨，如此不斷重覆，才能留住那些成千上萬朵花的芬芳，製成香水的前身，香膏或是精油。

另外，還有一種更能保存極致香味的冷淬法，雖然也是以油脂萃取，但過程溫和多了，我在一間名為萃取房的專用房間裡，看著工人熟練地將鮮花鋪滿在抹了一層冷油的玻璃板上，讓它們慢慢地將芳澤傾吐在冷油上，通常需要三至四天，直到油膏吸飽了芬芳。

至於那促使香水誕生的魔術師，「鼻子」呢？從未

見過他們的我，跟著解說人員，隔著一層緊閉的玻璃門，遠遠瞧見了他們的工作室。

那是一間讓人看了就心生想像的房間，房間很安靜，聞香師的工作檯分隔成好幾層，裝著花朵精華的玻璃小瓶（看來應有上百種吧）被分門別類，一瓶瓶整齊排列在層面上。你不禁想走到那工作檯前，也像個「鼻子」一樣，旋開那些神秘的瓶蓋聞一聞，再將茉莉、馬鞭、石竹、玫瑰、萊姆、迷迭香等，這些你喜歡的香氛，天馬行空地自由搭配、實驗，找出一種最適合自己的香水。

又或是，你更加大膽地想像，自己說不定會是個無師自通的天才香水師，能夠調配出令世人為之瘋狂的香味傳奇。

回憶米克諾斯小懶貓

一九九八年春天，我去希臘旅行一個月。經過十多天馬不停蹄的舟車勞頓後，身體發出了疲累過度的警訊。那時，最希望的是找一間舒適的旅店，讓身體充分休息後再上路。益為我更改計畫，延長了我們在米克諾斯島停留的時間。

一到米克諾斯，我們便將「行程」這回事拋諸雲外，下定決心，除了吃、睡與晒太陽，什麼也不想。陽光是上天賜予這個小島的最珍貴禮物；溫煦而不刺眼，充滿親和力。我常像隻懶貓似的趴在旅店陽台的躺椅上，讓暖陽按摩酸疼的背膀及四肢。

港口邊有家名叫Nikkos的小餐館，有道地的希臘小吃和鮮美的魚蝦，是我們每天必到的一家餐廳。我們常挑客人不多的時段去，坐固定的位子，和老闆寒暄過後再點菜。

離餐桌不遠的白圍牆斜靠著一排白色藤椅，椅子上，總會看見一隻蓄著虎色斑紋的小花貓，靠著椅背舒服地晒著太陽。有人靠近牠，牠會微微地瞇起細長的貓眼兒看看你，然後面色不改的打著呼嚕繼續睡，沒有一般貓咪的警覺性，是隻十足的小懶貓。或許，這裡的陽光真得太舒服了，不僅是人，連貓也是，體內的所有懶細胞都被日光晒活了，人與貓彼此聲氣相投；都變得懶洋洋。

在米克諾斯的最後一餐，還是留給Nikkos，同時再看一眼那隻小懶貓。陽光下，牠慵懶地依偎著椅背，睡得依舊香甜，我忍不住拿起相機，拍下牠那撩人的睡姿。我沒有養過貓，也不是貓迷，然這隻小貓的黃色身影卻一直留在我的腦海裡。在許多個昏然欲睡的夏日午後，我常自然地想起牠那貪睡的模樣，並天真的認為牠一定也曾在心裡嘲笑過我：「說我貪睡？哼！自己也不照照鏡子，妳才一臉貪睡相呢！」

租台歐兜拜

小店門外停靠著許多半新不舊的歐兜拜，有的是剽悍的重型車，有的是復古偉士牌，最多的是輕巧的50cc速克達，我們考慮了一下，最後決定租下那輛有點年紀的偉士牌，發動，上路，兜風去。

打從得知米克諾斯有許多歐兜拜的出租店，到米克諾斯沒多久，我們就興沖沖的在

旅店附近找到一間歐兜拜出租店，問了一下價錢，一天大概台幣四百塊。「一天二十四小時才四百塊，滿便宜的哩！」我心裡想，已經有了多次國外租汽車旅遊經驗的我們，對於租歐兜拜，還是第一次呢，在這個風光明媚的小島能有台歐兜拜相陪，就像自己的身上又多了一雙腳，可以跑得更遠、看得更多了。

鑽出小巷道，騎著那輛老爺偉士牌在郊區小道上輕鬆往前慢慢ㄌㄨ，天空是藍得讓人不能相信的藍，春天的陽光很客氣，保留了五成的熱力等到夏天再來放送，最舒服的是風，帶著海洋的遼闊氣息撲在你臉上，鑽進你鼻腔，吹開了你的心房。

騎著老爺歐兜拜向前慢慢ㄌㄨ，起伏的小坡上小草青青，叫全世界著迷的愛情海不時就會突然躍進你的視線裡。你租的歐兜拜雖老但體力可不差，載著你爬過了好幾個山坡，找到了人人琅琅上口的天堂海灘，最後，又繞回米克諾斯舊港。

那時，天色漸漸暗下去了，海邊的白色小屋一幢接一幢亮起了夜燈，白日已相當醒眼的白建築，此時在燈光的映照下更加玲瓏剔透起來。

你們一邊談著白天ㄌㄨ那歐兜拜的悠遊點滴，一邊又貪看著米克諾斯的港灣夜景，直到天色全黑，才萬般不捨地向夜港說Bye Bye！

藍與白

米克諾斯人很主觀，很執著。

嗯，我的意思是說，米克諾斯人對色彩的要求很主觀，很執著，總是那麼迷戀鍾情於藍與白。

你問米克諾斯人，這世界上的色彩何其豐富何其多，為什麼就要那麼簡單定調，非

藍即白；房子、風車、教堂、巷道、階梯，甚至連路燈或樹都漆成了不是藍就是白？只見他們聳聳肩膀搖搖頭，不解地反問你，還有什麼其他的顏色，比藍與白，更適合米克諾斯呢？

你第一次來到米克諾斯，一下子就被那幾座漆成白色的磨坊風車給吸引住了；它們挺著圓柱狀的白色身軀，頭頂毛絨絨的，帶著一種卡通式的幽默外觀，在希臘特有的晶藍色天空下顯得分外突出亮眼。

你在米克諾斯老城裡走著，就像走進了一個藍白交織的世界，以白色為底，淺藍為飾的小屋，不斷地、大量地、重覆地出現，一種只有藍與白的米克諾斯式色彩執著在你眼前展開：牆壁、屋頂是白色的，窗子、護欄、門板是藍色的，店招，非藍即白，桌椅，非藍即白，台階、步道、街燈，甚至店裡賣的藝品或是擺在屋外的花盆飾物也是，不是藍就是白！你在老城巷子裡流連，藍與白的美麗，炫耀地叫你屢屢屏住了呼吸。

你最不能忘記的，就是四散在港口或巷弄，一身淨白，或是只露出一個藍色圓頂的小教堂了。它們看上去不華麗不氣派，然簡單的線條及藍白顏色反而有種從嚴肅繁複中掙脫出來的小巧、亮麗與潔淨，別具浪漫風情。

於是，在看過這些，體會這些之後，你也變得和米克諾斯人一樣的主觀與執著，深深相信，世界上再也沒有別的顏色，像藍與白，那麼適合米克諾斯了。

後記

我攤開一張地圖，看著自己用紅筆圈著巴黎、羅馬、布拉格等這些城市的小圓點，一個人與地圖獨處的時候，看著看著地圖，很容易就會想起自己曾經旅行過的城鎮，再度重遊舊地的念頭又一次在我心頭騷動起來。

世界實在太大，想去而未去的地方實在太多，它們濃縮成地圖上的地名與我相望，我的手指一一點過它們，心想，不知什麼時候自己才能與它們相見，然後在這張旅遊心願圖上畫下一個達成心願的紅圈圈。

於是我知道，想去而未去的地方還有那麼多，若照優先順序，那些已經走過，被我圈住的城與鎮，在未來的幾年，可能我都無法抽出時間再訪。

還好因為這本書，隨著書寫我得以再次感覺，再次觀看，巴黎、布拉格、佛羅倫斯、巴塞隆納……，那些城市的旅途點滴又再次浮現了出來，讓我好像又一次踏在與它們相遇的旅途上。

這本書能夠完成，首先要感謝自由時報花編副刊彭樹君主編，因為她對我的提攜，讓我在寫作之路上得以持續下去。

謝謝我的父母，一直是我最忠實的讀者。

謝謝編輯施雅棠和吳青娥。

還有，特別要感謝一個人，益，多年來，一直是我的專屬駕駛、精準的道路指引、貼心的最佳旅伴，我的旅行，因為有他的相陪與支持而變得更加美好豐富。

瑪丹娜一流行天后的真實畫像	280元	紅塵歲月一三毛的生命戀歌	250元
風華再現一金庸傳	260元	俠骨柔情一古龍的今生今世	250元
她從海上來一張愛玲情愛傳奇	250元	從間諜到總統一普丁傳奇	250元
脫下斗篷的哈利－丹尼爾・雷德克里夫	220元	蛻變—章子怡的成長紀實	250元

● 心靈特區系列

每一片刻都是重生	220元	給大腦洗個澡	220元
成功方與圓一改變一生的處世智慧	220元	轉個彎路更寬	199元
課本上學不到的33條人生經驗	149元	絕對管用的38條職場致勝法則	149元
從窮人進化到富人的29條處事智慧	149元	成長三部曲	299元
心態—成功的人就是和你不一樣	180元		

● SUCCESS系列

七大狂銷戰略	220元	打造一整年的好業績一店面經營的72堂課	200元
超級記憶術一改變一生的學習方式	199元	管理的鋼盔--商戰存活與突圍的25個必勝錦囊	200元
搞什麼行銷	220元	精明人聰明人明白人－態度決定你的成敗	200元
人脈＝錢脈－改變一生的人際關係經營術	180元	週一清晨的領導課	160元
搶救貧窮大作戰的48條絕對法則	220元	搜精・搜驚・搜金－從Google的致富傳奇中，你學到了什麼？	199元
絕對中國製造的58個管理智慧	200元	客人在哪裡？決定你的業績倍增的關鍵細節	200元
殺出紅海—漂亮勝出的104個商戰奇謀	220元	商戰奇謀36計—現代企業生存寶典	180元

● 都會健康館系列

秋養生一二十四節氣養生經	220元	春養生一二十四節氣養生經	220元
夏養生一二十四節氣養生經	220元	冬養生一二十四節氣養生經	220元
春夏秋冬養生套書	669元		

● CHOICE系列

入侵鹿耳門	280元	蒲公英與我一聽我說說書	220元
入侵鹿耳門（新版）	199元	舊時月色上輯＋下輯	各180元
清塘荷韻	280元		

● FORTH系列

印度流浪記一滌盡塵俗的心之旅	220元	胡同面孔—古都北京的人文旅行地圖	280元
尋訪失落的香格里拉	240元	今天不飛—空姐的私旅圖	220元

● FOCUS系列

中國誠信報告	220元

● 禮物書系列

印象花園 梵谷	160元	印象花園 莫內	160元

今天不飛

空姐的私旅圖

作　　者　李宗芳
攝　　影　蕭順益

發 行 人　林敬彬
主　　編　楊安瑜
責任編輯　吳青娥
封面設計　黃若軒
內頁設計　黃若軒

出　　版　大都會文化 行政院新聞局北市業字第89號
發　　行　大都會文化事業有限公司
110台北市基隆路一段432號4樓之9
讀者服務專線：（02）27235216
讀者服務傳真：（02）27235220
電子郵件信箱：metro@ms21.hinet.net
網　　　址：www.metrobook.com.tw

郵政劃撥　14050529　大都會文化事業有限公司
出版日期　2006年03月初版一刷
定　　價　220元
I S B N　957-8219-53-9
書　　號　FORTH-004

Metropolitan Culture Enterprise Co., Ltd.
4F-9, Double Hero Bldg., 432, Keelung Rd., Sec. 1,
Taipei 110, Taiwan
TEL：+886-2-2723-5216　FAX：+886-2-2723-5220
e-mail：metro@ms21.hinet.net
Website：www.metrobook.com.tw

大都會文化 METROPOLITAN CULTURE

國家圖書館預行編目資料

今天不飛：空姐的私旅圖 / 李宗芳著
-- 初版. -- 臺北市：大都會文化, 2006〔民95〕
面；　公分. --（Forth；004）
ISBN 957-8219-53-9 (平裝)
1. 世界地理—描述與遊記

719.85　　　95001405

今天不飛

空姐的私旅圖

北區郵政管理局
登記證北台字第9125號
免貼郵票

大都會文化事業有限公司
讀者服務部收

110 台北市基隆路一段432號4樓之9

寄回這張服務卡(免貼郵票)
您可以：
◎不定期收到最新出版訊息
◎參加各項回饋優惠活動

大都會文化 讀者服務卡

書號：Forth-004 今天不飛—空姐的私旅圖

謝謝您選擇了這本書！期待您的支持與建議，讓我們能有更多聯繫與互動的機會。日後您將可不定期收到本公司的新書資訊及特惠活動訊息。

A.您在何時購得本書：_____年_____月_____日

B.您在何處購得本書：___________書店(便利超商、量販店)，位於___________(市、縣)

C.您從哪裡得知本書的消息：1.□書店 2.□報章雜誌 3.□電台活動 4.□網路資訊5.□書籤宣傳品等 6.□親友介紹 7.□書評 8.□其他________________

D.您購買本書的動機：（可複選）1.□對主題或內容感興趣 2.□工作需要 3.□生活需要 4.□自我進修 5.□內容為流行熱門話題 6.□其他________________

E.您最喜歡本書的（可複選）：1.□內容題材 2.□字體大小 3.□翻譯文筆 4.□封面 5.□編排方式 6.□其它

F. 您認為本書的封面：1.□非常出色 2.□普通 3.□毫不起眼 4.□其他________

G.您認為本書的編排：1.□非常出色 2.□普通 3.□毫不起眼 4.□其他________

H.您通常以哪些方式購書：(可複選)1.□逛書店 2.□書展 3.□劃撥郵購 4.□團體訂購5.□網路購書 6.□其他________

I. 您希望我們出版哪類書籍：（可複選）1.□旅遊 2.□流行文化3.□生活休閒 4.□美容保養 5.□散文小品 6.□科學新知 7.□藝術音樂 8.□致富理財 9.□工商企管10.□科幻推理 11.□史哲類 12.□勵志傳記 13.□電影小說 14.□語言學習（____語）15.□幽默諧趣 16.□其他________________

J.您對本書(系)的建議：________________

____

K.您對本出版社的建議：________________

____

讀者小檔案

姓名：________________ 性別：□男 □女 生日：_____年_____月_____日

年齡：□20歲以下□21～30歲□31～40歲□41～50歲□51歲以上

職業：1.□學生 2.□軍公教 3.□大眾傳播 4.□ 服務業 5.□金融業 6.□製造業 7.□資訊業 8.□自由業 9.□家管 10.□退休 11.□其他 ________

學歷：□ 國小或以下 □ 國中 □ 高中／高職 □ 大學／大專 □ 研究所以上

通訊地址 ________________

電話：（H）________ （O）________傳真：________

行動電話：________ E-Mail：________

◎謝謝您購買本書，也歡迎您加入我們的會員，請上大都會文化網站

www.metrobook.com.tw登錄您的資料，您將會不定期收到最新圖書優惠資訊及電子報。

大都會文化
METROPOLITAN CULTURE

大都會文化
METROPOLITAN CULTURE

大都會文化
METROPOLITAN CULTURE

大都會文化
METROPOLITAN CULTURE